I NUOVI PARADISI FISCALI

Regno Unito: da Impero coloniale a Impero offshore

Indice

Introduzione

CAPITOLO I: Tax haven e offshore, *p. 5*

CAPITOLO II: Giurisdizioni segrete, *p. 20*

CAPITOLO III: Da impero coloniale a impero offshore, *p. 25*

CAPITOLO IV: City di Londra: la storia, *p. 60*

CAPITOLO V: City di Londra: il miglio quadrato e lo Stato nello Stato, *p. 66*

CAPITOLO VI: City di Londra: la madre di tutti i paradisi, *p. 74*

CAPITOLO VII: City di Londra: la tela del ragno, *p. 81*

CAPITOLO VIII: City di Londra: le critiche, la politica britannica ed il rapporto con l'Unione europea, *p. 86*

CAPITOLO IX: Costituzione di società nella City e sistema fiscale britannico, *p. 95*

CAPITOLO X: Dilemma Tax haven, *p. 106*

CAPITOLO XI: La "sacra" alleanza fra gli Stati di diritto ed i fenomeni offshore, *p. 118*

Conclusione

Bibliografia e sitografia

Luglio 2013

Alla mia compagna, Mary

Introduzione

Il 10 ottobre 2001, Arnaud Montebourg[1], rese pubblico un dossier[2] in cui attaccava Tony Blair[3] per aver "predicato" al mondo la lotta, anche finanziaria, al terrorismo, salvo aver "razzolato" male, non "ripulendo" uno dei principali centri del riciclaggio internazionale: la City di Londra.

Da Downing Street[4] uscì una dura e secca smentita, ma restava il fatto che il Regno Unito, grande alleato degli Stati Uniti nella "prima guerra del nuovo secolo"[5], regnava incontrastato su più di venti paradisi fiscali del suo macro sistema *offshore*, dalle remote isole Cayman alla più vicina isola di Man, dalle Barbados alle isole del Canale della Manica, dove recentemente sono stati istituiti nuovi casinò virtuali, che operano nel gioco d'azzardo online, in completa esenzione fiscale, con controlli irrilevanti e con un giro d'affari di denaro "sporco" riciclato, stimato in centinaia di miliardi di dollari.

Nel Regno Unito, infatti, come vedremo nel prosieguo, con poche sterline si può fondare una società per telefono e

---

[1] Parlamentare francese a capo di una commissione sul riciclaggio
[2] http://www.assemblee-nationale.fr/rap-info/i2311-41.asp "Rapport d'information" n. 2311, par la mission d'information sur les obstacles au contrôle et à la répression de la délinquance financière et du blanchiment
[3] Primo Ministro inglese dal 2/5/1997 al 24/6/2007
[4] Sede del Governo inglese a Londra
[5] E' così definita la lotta al terrorismo internazionale dopo l'attentato alle Twin Towers dell'11 settembre 2001

metterla al riparo da occhi indiscreti attraverso il continuo ricorrere ai *"trust"*[6] ed attraverso il meccanismo delle *"nominee"*[7], formule queste che sono un invito per chi ha qualcosa da nascondere e che sono comuni a quasi tutte le legislazioni ed agli Stati sovrani di derivazione e cultura anglosassone.

Non si è lontani dalla verità se si afferma che il Regno Unito, grazie ai rapporti privilegiati con i paradisi fiscali affiliati, grazie anche alla sua posizione gelosamente "autonoma" rispetto agli altri stati membri dell'Unione Europea ed alla conservazione della propria moneta, funge da "portale" di lusso nell'introitare capitali in transito in cerca di "protezione".

Capitali e flussi finanziari provenienti da imprese e da persone fisiche che si sentono molto più garantite dall'autorevole mediazione data loro addirittura dall'amministrazione di uno dei paesi più importanti del mondo: il Regno unito.

---

[6] Il trust (affidamento) è un istituto del sistema giuridico anglosassone di common law che serve a regolare una molteplicità di rapporti giuridici di natura patrimoniale (isolamento e protezione di patrimoni, gestioni patrimoniali controllate ed in materia di successioni, pensionistica, diritto societario e fiscale).
[7] società fiduciarie che operano per conto di un cliente anonimo con il sistema delle deleghe.

Secondo le stime prudenti dell'autorevole pubblicazione statunitense "Taxanalysts"[8], nel 2007 in alcuni paradisi fiscali legati alla Corona britannica si trovavano capitali potenzialmente sottratti al fisco per un importo di circa 1.000 miliardi di dollari che producevano un'evasione fiscale media pari a circa 30 miliardi di dollari all'anno: il triplo della spesa britannica per gli aiuti internazionali.

Addirittura la stessa Magistratura, nella persona del Procuratore aggiunto presso il Tribunale di Milano, dottor Francesco Greco, in un'intervista al settimanale *Il Mondo* (n. 17 del 24 aprile 2009), in tema di contrasto ai paradisi fiscali ha dichiarato di aver ricevuto più collaborazione dalla Svizzera che non da altri Stati dell'Unione Europea, come Gran Bretagna e Lussemburgo.

Questa dichiarazione deve far riflettere sul cambiamento storico a livello qualitativo e quantitativo riguardo al vecchio concetto legato ai paradisi fiscali dei mari caraibici: la maggior parte dei paradisi fiscali è, infatti, al giorno d'oggi, di cultura anglofona ed è dislocata in zone molto più vicine a noi di quanto avvenisse in passato.

---

[8] Fonte: www.taxanalysts.com

CAPITOLO I

Tax haven e offshore

L'espressione "paradiso fiscale" è la traduzione dall'inglese dei termini *"tax"* (tassa) ed *"heaven"* (paradiso).

I primi studiosi statunitensi del fenomeno *"offshore"*, introdussero *"haven"* (rifugio) al posto di *"heaven"*; mentre gli studiosi francesi continuarono ad utilizzare il termine, di *"paradis fiscaux"*.

In generale, tutte le principali lingue neolatine utilizzarono le espressioni *"paradisi fiscali"*, *"paradis fiscaux"* e *"paraisos fiscales"* in virtù dell'assonanza tra i due termini: *"heaven"* ed *haven"*.

Seppur nell'erronea traduzione per assonanza tra *"heaven"* ed *"haven"*, queste giurisdizioni sono in effetti sia dei paradisi sia dei veri e propri rifugi dal fisco che godono di particolari condizioni di opacità e di segretezza nello scambio di informazioni con gli altri Paesi.

In realtà, parlare di "paradiso fiscale" è inappropriato, poiché questi luoghi non offrono soltanto la possibilità di sottrarsi al fisco ed al pagamento delle tasse, ma forniscono anche segretezza, una via di fuga dalla regolamentazione finanziaria e la possibilità di aggirare le leggi e le norme di altre giurisdizioni a tassazione più alta e soggette a controlli più severi in materia finanziaria e bancaria.

L'attrattiva esercitata da questi Stati sugli operatori economici non si limita, quindi, più, all'esclusiva dimensione fiscale.

Le lacune normative in materia di regolamentazione e sorveglianza finanziaria, tipiche dei moderni centri *offshore*, offrono, infatti, ai capitali mobili anche delle possibilità di investimento e di speculazione libere dai vincoli normalmente imposti dalle autorità pubbliche e dalle norme statuali.

Per convenzione è dal'1800 il momento storico in cui si è soliti far risalire le origini dei primi paradisi fiscali.

Paradisi fiscali primordiali che altro non erano se non porti, insenature, luoghi di attracco dove potevano trovare rifugio, dalle intemperie ma più spesso dai gendarmi, sia le navi battenti bandiera corsara sia quelle dei paesi più ricchi dell'epoca (Olanda, Francia, Gran Bretagna, Spagna, Portogallo).

Solitamente si trattava di isole o territori adiacenti ai confini politici fra due Stati o di località montane lontano dagli insediamenti urbani ove si potevano esercitare liberamente il contrabbando ed altri traffici di malaffare, così come altri comportamenti in violazione alle leggi amministrative e penali.

Dopo aver abbandonato tali riprovevoli ma romantiche caratteristiche, i paradisi fiscali divennero prima di tutto un territorio o parte di esso, non necessariamente insulare, né necessariamente isolato dal mondo, nel quale l'imposizione fiscale era molto bassa, se non inesistente per i capitali esteri.

Nel periodo compreso fra le due guerre mondiali, vale a dire fra il 1920 ed il 1930/35, in determinati Stati, nascono legislazioni mirate ad un trattamento fiscale dei patrimoni, più discreto, meno invasivo e pressanti, come ad esempio nelle Bahamas, in Svizzera ed in Lussemburgo.

A metà degli anni quaranta, la fine del secondo periodo bellico è decisiva per lo sviluppo dei paradisi fiscali extra europei che, tagliati fuori dal "piano Marshall"[9], grazie al quale si agevolava la ricostruzione post-bellica dell'Europa, non ricevono gli aiuti economici sperati.

Alcuni di questi Paesi, così, bisognosi di denaro, invece di proseguire con la produzione di materie prime oramai non più in grado di garantire una sufficiente stabilità economica, si specializzarono sia nell'accoglienza di flotte cui fornivano bandiere ombra sia nell'offerta ai detentori di capitale di un

---

[9] Denominato ufficialmente, a seguito della sua attuazione, Piano per la ripresa europea (inglese: European recovery program, E.R.P.), il Piano Marshall fu uno dei piani politico-economici statunitensi per la ricostruzione dell'Europa dopo la Seconda guerra mondiale

asilo reso sicuro tramite il segreto bancario e l'assenza di tassazione.

Tra il 1960 ed il 1970 si registra l'emergere dei mercati degli "eurodollari" e dei "petrodollari" che favoriscono uno sviluppo sempre maggiore dei territori a bassa fiscalità ed una crescente benevolenza, verso i paradisi fiscali, da parte del mondo economico.

Le grandi banche e imprese, la City di Londra, polo attrattivo delle maggiori società finanziarie, appoggiarono, infatti, l'evoluzione di queste strutture, essendo palese ed evidente il vantaggio di poter disporre di zone con debolissima o nulla imposizione fiscale.

Alle Bahamas, alla Svizzera ed al Lussemburgo, si aggiungono, in questo periodo, il Liechtenstein, le Isole del Canale[10], le Isole Cayman, gli Stati di Bermuda e Panama.

Tra il 1980 ed il 2000, grazie alla liberalizzazione finanziaria che incoraggiava l'assenza di controllo sui movimenti di capitale su scala internazionale, il numero dei paradisi fiscali cresce vertiginosamente.

In questa epoca storica, sul finire del ventunesimo secolo, i movimenti di capitale trovarono in questi luoghi un singolare punto di convergenza, favorendo, così, soprattutto

---

[10] Le Isole del Canale sono un gruppo di isole nel Canale della Manica.

la criminalità cui fu data, in tal modo, la possibilità di "legittimare" più facilmente i propri introiti.

Nell'anno 2001, il giro d'affari dei paradisi fiscali venne stimato all'incirca in oltre 1.800 miliardi di dollari annui ed in questi luoghi e territori (più di ottanta in tutto il mondo) vennero registrate e dislocate all'incirca 680.000 società *offshore*[11].

Di questo ingente flusso finanziario di dollari, attualmente, all'incirca sette miliardi sono dislocati alle Maldive, alle Barbados ed all'Isola di Tonga nell'Oceano Pacifico; circa 500 milioni di dollari sono depositati alle Isole Cayman, circa 164 miliardi di dollari alle Bahamas, 98 miliardi di dollari alle Antille Olandesi (naturalmente nessun documento ufficiale di nessuno Stato sovrano o organismo ufficiale statuisce e/o certifica queste cifre).

Caso eclatante è quello della Liberia, che risulta avere depositi esteri per un ammontare di circa 16 miliardi di dollari: Liberia nella quale vivono circa 3 milioni di persone con un reddito pro capite di circa un dollaro al giorno, il cui debito estero ufficiale è di 2 miliardi di dollari ed il PIL è pari 1 miliardo di dollari.

---

[11] Degregori Italo, (2012), Paradisi Fiscali e Società Offshore, Edizioni R.E.I., Nizza

Trattasi di depositi accumulati in banche di bandiera liberiana e provenienti dall'estero, in particolare da cittadini tedeschi, giapponesi, francesi, britannici, statunitensi ed italiani.

A Monrovia[12], infatti ed a comprova di quanto affermato, opera da molti anni la "Tradevco" una banca d'affari controllata da Mediobanca: alla domanda del perché una banca così importante operi in un paese, sulla carta, così povero è facile dare risposta.

Secondo Nicholas Shaxson, da anni impegnato sul fronte della scoperta dei nuovi paradisi fiscali ed autore del libro: "Le isole del tesoro"[13], è un paradiso fiscale, in senso più ampio e completo, "quel luogo che cerca di attrarre le imprese, offrendo strutture politicamente stabili, per aiutare le persone fisiche o giuridiche ad aggirare le norme, le leggi e i regolamenti di altre giurisdizioni".

"Home is where money is', cioè la casa, la patria è dove si ha il denaro, possiamo anche citare questa frase di un altro autore, Adam Starchild[14] per comprendere il fenomeno dei

---

[12] Monrovia è la capitale della Liberia
[13] Shaxson Nicholas, (2012), Le isole del tesoro. Viaggio nei paradisi fiscali dove è nascosto il tesoro della globalizzazione, Feltrinelli editore, Milano, pagg. 15-16
[14] Adam Starchild, scrittore, uno dei maggiori esperti a livello mondiale di paradisi fiscali.

paradisi fiscali. Un paradiso fiscale è, in definitiva, "uno Stato od un territorio la cui normativa fiscale, bancaria e/o finanziaria permette di attrarre grandi masse di capitale e flussi di denaro, grazie a condizioni particolarmente vantaggiose".

Come detto, nei paradisi fiscali vige un regime di imposizione fiscale molto basso o assente che rende conveniente stabilire in questi Paesi la sede di un'impresa (le c.d. società *offshore*) o, di contro, regole rigidissime sul segreto bancario che consentono di compiere transazioni "coperte", quindi non tracciabili e non monitorabili.

In Svizzera, ad esempio, la legge tutela penalmente il segreto bancario e punisce anche l'induzione alla sua violazione.

In Italia, invece, il segreto bancario non è tutelato da alcuna norma: non rientra, infatti, nel segreto professionale né nel segreto d'ufficio.

Il funzionario della banca è tenuto all'ufficio di testimone (art. 366 c.p.) ed in base agli artt. 248 n. 2 e 255 c.p.p., l'autorità giudiziaria o gli ufficiali di polizia giudiziaria possono esaminare atti, documenti e corrispondenza presso le banche, procedendo a perquisizione o a sequestro ove vi sia fondato motivo di ritenere la loro pertinenza al reato.

Inoltre la garanzia che deriva dal segreto bancario offre vantaggi consistenti anche nella possibilità di sottrarre denaro e beni ai creditori, nella lesione dei diritti ereditari di successione, nell'aggiramento degli obblighi di assistenza familiare al coniuge ed ai figli, nell'occultamento dei profitti illeciti, ecc.

Oltre a ciò i paradisi fiscali offrono ulteriori attrattive (e lusinghe) come la protezione di brevetti o consorzi industriali vietati nello stato di residenza o di origine, bassi costi di manodopera, un liberale sistema dei cambi, minimi requisiti (o regole) per l'ottenimento di licenze che consentano di operare fondi di investimento; sono davvero molteplici le "risorse" offerte da un paradiso fiscale.

E' evidente che in un regime fiscale esigente come quello italiano, un'azienda italiana è attratta dal ricorrere a strumenti imprenditoriali o patrimoniali alternativi, o allettanti, come quello dei paradisi fiscali, creando e istituendo strutture in Paesi che, senza porsi troppi problemi, offrono dette risorse.

Ma ciò non coinvolge soltanto le aziende, nell'ultimo decennio, infatti, è aumentato il numero di privati cittadini portati a guardare oltre il proprio Paese di appartenenza, che hanno investito e prodotto all'estero i loro patrimoni ed il loro reddito.

Secondo l'OCSE[15], nei suoi rapporti annuali e nelle sue interazioni con i paesi che aderiscono al progetto di cooperazione e sviluppo economico, i paradisi fiscali concorrono a creare una sorta di concorrenza fiscale, anzi definita, in realtà, "concorrenza fiscale dannosa" e sleale sia nei confronti dei mercati finanziari sia verso i contribuenti onesti.

In particolare, con il rapporto OCSE del 1998, meglio conosciuto con il nome di *"Harmful Tax Competition"* (letteralmente: competizione fiscale dannosa) sono stati individuati i principali fattori che caratterizzano i regimi fiscali potenzialmente "dannosi", cioè i Paesi da "tenere sotto controllo".

Tale rapporto suddivideva le cosiddette "pratiche fiscali dannose" nella categoria degli *"harmful preferential tax regimes"* e dei *"tax havens"*, cioè nei regimi a fiscalità privilegiata e nei veri e propri paradisi (o rifugi) fiscali. In particolare si definiscono "regimi fiscali privilegiati dannosi" quei meccanismi che, ancorché coesistenti con sistemi di tassazione ordinaria anche rilevanti, consentono di ottenere aliquote ridotte o addirittura nulle.

---

[15] O.C.S.E.: Organizzazione per la Cooperazione e lo Sviluppo Economico.

Per fini meramente classificatori, ma per ognuna di esse con differenze sostanziali, i paradisi fiscali, possono suddividersi nelle seguenti categorie:
1. "*Pure tax havens*";
2. "*No tax foreign income haven*";
3. "*Low tax havens*"
4. "*Special tax havens*".

Per "*Pure tax havens*" si intendono quei paesi, territori o parte di essi, in cui non esistono imposte sul reddito, sulla ricchezza, su successioni o donazioni, ma, di contro, le autorità di detti stati percepiscono entrate fisse dalle società offshore ivi collocate, per cui è possibile costituire società o trust con grande facilità e senza corrispondere le imposte.

Il segreto bancario, inoltre, è rigidamente garantito e, solitamente, si tratta di paesi che non hanno uno scambio di informazioni con gli altri paesi.

Generalmente rientrano nei paradisi fiscali definiti "*Pure tax havens*" i luoghi di villeggiatura, come ad es. le isole Bahamas o le Bermuda che sono, notoriamente prive di altre risorse economiche, fatta eccezione, forse, per il solo turismo.

Si può affermare, quindi, che proprio grazie a queste caratteristiche, per questi paesi, i flussi finanziari e di capitale provenienti dall'esterno, rappresentano l'unica risorsa.

Nei *"No tax foreign income haven"*, invece, viene tassato soltanto il reddito prodotto internamente, pertanto sono esenti dalla tassazione i redditi prodotti da persone fisiche e giuridiche provenienti dall'esterno.

Fanno parte di questi territori gli stati indipendenti della Liberia e di Panama che, pur essendo sulla carta "indipendenti", rappresentano a tutti gli effetti i satelliti principali del *"network offshore"* gestito dagli Stati Uniti.

Anche nei *"No tax foreign income haven"* solitamente vige un rigido segreto bancario ed anche in essi, generalmente, non vi sono scambi di informazioni con altri paesi di carattere tributario e finanziario.

I *"Low tax havens"* sono impropriamente definiti paradisi fiscali in quanto in essi è imposto, seppur in minor misura che altrove, comunque, un modesto onere fiscale sul reddito ovunque prodotto: fanno parte di questi, ad esempio le British Virgin Islands.

Gli *"Special tax havens"* sono paesi e territori a livello impositivo normale ma caratterizzati dal permettere la costituzione di organismi particolarmente flessibili; per questo motivo sono definiti "speciali"; fa parte di essi ad esempio il Liechtenstain.

Strettamente collegato ed inerente alla definizione di "paradiso fiscale" ed anzi, spesso utilizzato come sinonimo, è il concetto di società o territorio *offshore*.

E' considerata *offshore* (letteralmente: fuori costa, fuori lido) ogni giurisdizione al di fuori dello Stato di residenza.

Ad esempio anche la Gran Bretagna può essere considerata una giurisdizione *offshore* per i cittadini francesi o per i cittadini italiani, allo stesso modo del Belize, Malta, Costarica o qualsiasi altro stato che non sia territorio francese o italiano.

E' definita, invece, società *offshore* una società che opera in un territorio *offshore*.

Ogni società *offshore* se è riconosciuta legalmente, può liberamente operare a livello internazionale; ma un conto è "essere riconosciuta legalmente", un altro è "operare legalmente".

Per aggirare il fisco o, comunque, per ridurre il proprio carico fiscale, qualsiasi società commerciale di import-export può dar vita ad una struttura *offhsore*.

In questo modo, mentre le merci vengono consegnate direttamente dal produttore, la società *offshore*, collocata al riparo dal regime fiscale del Paese del produttore, raccoglie gli ordini e i pagamenti direttamente dai clienti: il risultato è che la maggior parte dei profitti può essere accumulata in aree con tassazione zero o quasi zero.

Istituire società al di fuori della circoscrizione del proprio Stato di residenza, era un tempo il bastione esclusivo dell'elite finanziaria; oggi con costi moderati, nuove normative e con l'avvento di internet, semplici uomini d'affari e professionisti si avvalgono delle strategie *offshore* per salvaguardare i loro business e le loro proprietà e sfruttarne tutti i vantaggi.

Com'è noto, il concetto di *offshore* rimanda al concetto di *Tax haven*.

Infatti una società *offshore* gode di un basso regime di imposte e di tasse, di una salvaguardia dei beni immobili e dei risparmi, di ridottissime formalità societarie e contabili, di una tutela rigorosa del segreto bancario, di regole favorevoli per l'impianto di servizi finanziari ed anche della possibilità dell'emissione di azioni anonime al portatore.

Con il termine società *offshore*, si indicano talvolta, ed è questa la casistica senz'altro più pericolosa, anche imprese fittizie create in Stati o territori a bassa o nulla imposizione fiscale.

Imprese fittizie utilizzate con lo scopo di nasconderne l'effettivo proprietario o beneficiario di determinati beni, per vari motivi illegali (riciclaggio di denaro sporco, occultamento di proprietà, evasione fiscale, etc.).

L'*offshore*, quindi, è essenzialmente una zona di evasione situata "altrove" e i servizi *offshore* sono riservati esclusivamente ai non residenti.

Pertanto, un paradiso fiscale, potrebbe offrire per esempio, un'aliquota d'imposta nulla ai non residenti che trasferiscono i loro capitali nel suo territorio, ma tassare regolarmente i residenti.

Questa separazione fra residenti e non residenti, è un'ammissione implicita del danno che può essere provocato dalle operazioni dei paradisi fiscali.

In realtà, proprio perché non è illegale, tutte le multinazionali hanno società offshore in paesi dal regime fiscale agevolato, per una più accettabile tassazione degli utili; infatti, oltre alle società *offshore*, abbiamo banche *offshore*, finanziarie *offshore* e così via.

Alcuni studio del fenomeno *offshore*, danno degli stessi una definizione ancora più drammatica: per essi, infatti, i paradisi fiscali sono quei Paesi o territori che commercializzano la propria sovranità offrendo in cambio un regime favorevole, in una totale "deregulation".

Deregulation che comprometterebbe addirittura il buon funzionamento e sviluppo della democrazia mondiale, togliendo risorse ai Paresi più poveri ed in via di sviluppo, concentrando immensi flussi finanziari nelle mani di poche persone senza scrupoli, con ingenti danni, ovviamente, anche per l'economie dei paesi più industrializzati.

Secondo l'OCSE, gli elementi che permettono, schematicamente, di individuare e caratterizzare un regime fiscale dannoso sono da individuarsi in particolari elementi caratterizzanti che ne denotano la particolare peculiarità.

Elementi che possono essere sintetizzati nei seguenti:

1. un'imposizione fiscale bassa o prossima allo zero;
2. un sistema "*ring fenced*"[16], letteralmente un "recinto", un "anello" all'interno del quale vi è una tassazione con ampia disparità tra i redditi generati all'interno o all'esterno;
3. l'assenza di trasparenza delle transazioni finanziarie e dei movimenti di capitale effettuati;
4. la mancanza di scambio d'informazioni con altri paesi, a parte rare eccezioni;
5. l'elevata capacità di attrarre società, avente come scopo l'occultamento dei movimenti di capitale.

I paradisi fiscali, pertanto, possono essere identificati sulla base di queste caratteristiche, come la bassa (o nulla) imposizione fiscale, che consentono ad individui e ad imprese

---

[16] Sistema "ring fenced": è un sistema dove sono previsti l'isolamento del regime privilegiato dal sistema tributario ordinario, la mancanza di trasparenza del regime fiscale, nonché il rifiuto delle Amministrazioni finanziarie locali allo scambio di informazioni.

di sottrarsi all'imposizione fiscale, legalmente o (più spesso) illegalmente, la segretezza delle operazioni bancarie e finanziarie, il rifiuto di fornire agli altri paesi notizie e informazioni, etc.

CAPITOLO II
Giurisdizioni segrete

Proprio per questi ultimi due motivi, accanto al fenomeno dei paradisi fiscali, ha preso piede la definizione di essi come di una "giurisdizione segreta", soprattutto grazie a studiosi ed economisti statunitensi.

La caratteristica delle giurisdizioni segrete (concetto che va oltre a quello di paradiso fiscale in senso stretto) è quella di mantenere sistematicamente una netta separazione tra le rispettive economie e i servizi offerti per proteggere se stesse dai propri "giochetti offshore".

Un modo, quindi, per individuare una giurisdizione segreta è scoprire se la sua industria dei servizi finanziari sia sovradimensionata rispetto all'economia locale

Il sovradimensionamento dei servizi offerti da un Paese rispetto alla sua economia è, infatti, il nuovo, oltre ai classici indici della bassa o nulla imposizione fiscale, della segretezza e del non-scambio d'informazioni, indice che permette di individuare sia i classici paradisi fiscali sia i nuovi e insospettabili come quelli europei.

Utilizzando proprio questo strumento, nel 2007, il FMI[17] ha correttamente individuato nella Gran Bretagna e, più in particolare nella City di Londra, una "giurisdizione segreta".

Facciamo un esempio pratico, prendendo come spunto forse il più famoso (a livello cinematografico) paradiso fiscale mondiale: le Isole Cayman.

Le isole Cayman, su cui torneremo dettagliatamente in seguito, sono un arcipelago di tre isole situate nel Mare delle Antille a sud di Cuba, territorio britannico d'oltremare, con una superficie complessiva di 259 chilometri quadrati; le tre isole sono: Grand Cayman, Little Cayman e Cayman Brac.

Le isole Cayman sono considerate un paradiso fiscale, anzi si tratta del paradiso fiscale per eccellenza, infatti nelle isole vige l'esenzione dalle imposte, si dice concessa fin dai tempi di re Giorgio III del Regno Unito (fine Settecento).

In quest' arcipelago, dal 2003 vige un mercato deregolamentato per i fondi comuni di investimento e l'esenzione fiscale dalle imposte vale solo se i redditi non

---

[17] Il Fondo Monetario Internazionale (International Monetary Fund, di solito abbreviato in F.M.I. in italiano e in I.M.F. in inglese) è un'organizzazione composta dai governi di 188 Paesi e insieme al Gruppo della Banca Mondiale fa parte delle organizzazioni internazionali dette di Bretton Woods, dalla località in cui si tenne la Conferenza che ne sancì la creazione. L'FMI è stato formalmente istituito il 27

vengono fatti rientrare nel proprio paese di residenza, nel qual caso verrebbero tassati in base alle leggi vigenti.

In quest'arcipelago, vi sono ben tre aeroporti, distribuiti sulle tre isole principali che distano fra loro non più di ottantacinque miglia, nei quali sovente è facile individuare aeromobili privati di ricchissimi industriali e compagini societarie provenienti da tutto il mondo o che hanno scelto tale località come sede legale.

Quindi ben tre aeroporti per un territorio così piccolo, probabilmente stiamo dicendo una non verità, ma è probabile che alle Isole Cayman vi siano più aeroporti che scuole.

Le Isole Cayman, tanto per rimanere nell'esempio delle strutture sovradimensionate rispetto all'economia locale, nel 1964 contavano sul loro territorio soltanto due banche, che diventano 450 nel 1983, oltre a 270 compagnie assicurative e 14.000 società[18].

E' facile fare i conti giacché gli abitanti censiti nelle Isole Cayman sono circa 40.000, ogni società non impiega più di tre dipendenti ciascuna, ogni banca non ha più di otto correntisti ed ogni compagnia assicurativa non ha più di quattordici assicurati: tutto ciò è inverosimile, è palese che le Isole <u>Cayman siano una giurisdizione</u> segreta.

[18] Deneault Alain, (2011), Offshore. Paradisi fiscali e sovranità criminale, Ombre corte, Verona, pag. 50

Ma la caratteristica più importante di una giurisdizione segreta, vero aspetto qualificante e caratterizzante, è l'assoggettamento della politica locale agli interessi dei servizi finanziari o della criminalità, o di entrambi, e l'eliminazione di ogni opposizione, degna di tale nome, al modello operativo dell'*offshore*.

In tali giurisdizioni la politica democratica non interviene ad ostacolare l'attività del guadagno e tale sviamento della politica produce uno dei grandi paradossi dell'*offshore*: queste zone di ultraliberismo sono spesso, infatti, luoghi fortemente repressivi, dove il dissenso non è tollerato e "chiudere un occhio" di fronte alla corruzione ed al crimine è considerato un'ottima prassi negli affari, l'antico detto anglosassone: "*business are business*", nella pratica *offshore* è più che mai attuale.

Attualmente esistono circa una sessantina di giurisdizioni più o meno segrete, *tax haven* a tutti gli effetti, che possiamo suddividere in quattro classi o gruppi:

- Il primo comprende i paradisi fiscali europei (ad esempio Irlanda, Olanda, Svizzera, Lussemburgo, etc.);
- Il secondo è composto da un'area ad influenza britannica che ha il suo centro e fulcro nella City di Londra;
- Il terzo raggruppa zone d'influenza statunitensi;

> Il quarto comprende Stati come Uruguay e Somalia che rappresentano realtà non classificabili come le tre precedenti, di scarso interesse in questa trattazione e sulle quali non ci soffermeremo.

Come vedremo nel prosieguo, parlando della City di Londra, ciascuna giurisdizione segreta tollera diversi livelli di illegalità.

I terroristi o i narcotrafficanti, ad esempio, probabilmente non agiranno direttamente a Manhattan o nella City di Londra, preferendo piuttosto avere base a Panama; le multinazionali assicurative, invece, per consuetudine sono dislocate alle Bermuda, paradiso fiscale storicamente adatto alle pratiche elusive ed evasive delle imposte; gli speculatori finanziari, i c.d. *"hedge fund"* (fondi speculativi) notoriamente preferiscono le Isole Cayman poiché detto territorio è letteralmente "tabù" per ogni controllo di tipo fiscale e finanziario.

Gli introiti comunque derivanti dalle illecite attività che si svolgono in questi paradisi fiscali finiscono, comunque, in un modo o nell'altro, per giungere a Manhattan e a Londra; Wall Street e la City di Londra, rappresentano, infatti la facciata, il "bel mondo", l'apice "per bene" delle rispettive piramidi *offshore* che non immergono, non si "sporcano" direttamente le mani nel losco ma che da quel losco, da quei bottini illeciti ne traggono soltanto gli introiti ed i benefici finali.

In questo ecosistema ogni centro *offshore* è costantemente impegnato a tenere il passo con gli altri: quando una giurisdizione segreta concede agevolazioni fiscali o alleggerisce la regolamentazione finanziaria o escogita un nuovo tipo di struttura segreta per richiamare i capitali "vaganti" dall'estero, le altre seguono il suo esempio per non essere tagliate fuori dal sistema.

Da parte loro, i detentori di questi capitali tenendo il c.d. coltello dalla parte del manico rispetto ai loro Paesi di appartenenza, non possono fare altro che "minacciare" le autorità politiche dei loro Stati di trasferire le loro aziende all'estero, qualora tassati o disciplinati in maniera troppo vigorosa.

CAPITOLO III
Regno Unito: da Impero coloniale a impero offshore

Merita una considerazione tutta particolare il caso del Regno Unito e, soprattutto, della City di Londra: quest'ultima potrebbe infatti essere tranquillamente considerata come "la madre di tutti i paradisi".

I paradisi fiscali britannici non sono il classico esempio di paradisi fiscali così come radicati nell'immaginario collettivo, si tratta, infatti di sistemi *offshore* più complessi, più segreti ed ancora più "subdoli" di quelli tipici e non soltanto limitati ad una attrazione di capitali e di flussi finanziari destinati ad eludere o ad evadere il fisco, bensì addirittura deputati, oramai, a decidere le sorti della finanza e dell'economia globale, alla stregua di veri e proprie giurisdizioni sovrane.

Esaminiamo, nel dettaglio, l'impero offshore di Sua Maestà la Regina Elisabetta II d'Inghilterra.

Nella prassi comune, ormai, i concetti di Regno Unito e Gran Bretagna si confondono e sono utilizzati come sinonimi ma, parlando di paradisi fiscali, la loro differenza riveste ancora, come vedremo, grande importanza: focalizziamo, quindi, la nostra attenzione sulla differenza geo-politica e fra i concetti di Regno Unito e Gran Bretagna, anche se nel prosieguo i due termini verranno, per semplicità utilizzati spesso come sinonimi.

La Gran Bretagna è l'isola maggiore, che comprende il territorio dell'Inghilterra, del Galles, della Scozia e dell'Irlanda del Nord (o Ulster).

Le isole britanniche sono, invece, quel territorio, quell'arcipelago che comprende la Gran Bretagna, l'Irlanda del Nord (o Ulster), l'Isola di Man[19], l'Isola di Wight[20], le isole

---

[19] L'Isola di Man è situata nel Mar d'Irlanda. Sul piano politico, essa non fa parte del Regno Unito né dell'Unione europea, ma è una dipendenza della Corona britannica.
[20] L'isola di Wight è situata a sud della costa dell'Inghilterra e al largo

Orcadi, le isole Ebridi, le isole Shetland le Isole del Canale ed altre isole minori.

Il Regno Unito di Gran Bretagna e Irlanda del Nord, inoltre, comprende la Gran Bretagna, le altre isole britanniche, nonché quattordici territori d'oltremare che costituiscono i resti dell'antico impero britannico tra cui Bermuda, Gibilterra, le isole Pitcairn, le isole Falkland (o Malvine, rese famose dalla guerra tra Gran Bretagna ed Argentina del 1982) ed i territori britannici in Antartide e nell'oceano Indiano.

A livello storico e politico, il Regno Unito di Gran Bretagna e Irlanda nasce con l'Atto di Unione del 1800 che univa il Regno di Gran Bretagna ed il Regno d'Irlanda.

Gran parte dell'Irlanda si separò poi nel 1922 costituendo lo Stato Libero d'Irlanda (l'attuale Repubblica d'Irlanda) a prevalenza cattolica.

Il Regno Unito è uno stato unitario, composto da quattro Nazioni costitutive *(Home Nations)*, vale a dire Inghilterra, Galles, Scozia e Irlanda del Nord e possiede anche quattordici territori d'oltremare che costituiscono i resti dell'antico Impero britannico tra i quali Bermuda, Gibilterra, le isole Pitcairn, le isole Falkland nonché altri territori britannici in Antartide e nell'oceano Indiano.

---

di Southampton, nel canale della Manica. È una contea dell'Inghilterra.

Il Regno Unito è una monarchia parlamentare e la regina Elisabetta II è ancora il Capo dello Stato di sedici Paesi membri del Commonwealth, tra i quali il Canada, l'Australia, la Nuova Zelanda e la Giamaica.

La monarchia britannica è retta dalla casa dei Windsor; il parlamento è diviso in due Camere (*Houses*): la Camera dei Lord (*House of Lords*), non elettiva e, di fatto, senza alcun potere e la Camera dei Comuni (*House of Commons*), cui spetta il potere legislativo.

In entrambi i rami del parlamento vi sono rappresentanti inglesi, scozzesi, gallesi e nord-irlandesi; le due camere si riuniscono soltanto durante l'occasione speciale dello "*State Opening of Parliament*" che, generalmente è presieduta dalla regina (o dal re) in carica.

La Capitale amministrativa e politica del Regno Unito, così come della Gran Bretagna e dell'Inghilterra, coincide nella città (o meglio, nell'area amministrativa) della grande Londra.

Il Regno Unito comprende anche alcune dipendenze, dette d'oltremare, talvolta in regime post coloniale, tra le quali:

- Anguilla
- Bermuda
- Territorio antartico britannico
- Territorio britannico dell'oceano Indiano

- Isole Cayman
- Isole Falkland (dette anche Isole Malvine o Isole Malvinas)
- Georgia del Sud e isole Sandwich meridionali
- Gibilterra
- Isola di Montserrat
- Isole Pitcairn
- Isola di Sant'Elena
- Isole Turks e Caicos
- Isole Vergini Britanniche
- Basi militari di Akrotiri e Dhekelia a Cipro

L'Impero Britannico fu il più vasto Impero nella storia dell'umanità; nel 1921 dominava su una popolazione di oltre 500 milioni di persone (circa un quarto della popolazione mondiale) e misurava 37.162.548 di chilometri quadrati.

Si estendeva su tutti e cinque i Continenti, i suoi confini andavano dal Canada alla Guyana, dall'Egitto al Sudafrica, dall'India all'Australia e controllava territori ricchissimi di materie prime; ciò permise al Regno Unito di diventare la più grande potenza economico-militare del pianeta per quasi cento anni.

L'Impero Britannico si formò in tre secoli, attraverso varie fasi di espansione grazie al commercio, alla colonizzazione e alla conquista, alternate con fasi di diplomazia pacifica.

I suoi territori si trovavano in ogni continente e in ogni oceano, e fu spesso accostato all'Impero Spagnolo, sul quale, si diceva, essendo vastissimo, che non tramontasse mai il sole.

La superficie massima dell'Impero Britannico fu raggiunta dal 1918 al 1922 ma il suo culmine, come potenza economico-politica, fu tra la fine del XIX secolo e gli inizi del XX secolo.

Esso fu gradualmente smantellato dopo la seconda metà degli anni cinquanta; il primo duro colpo per la potenza imperiale britannica fu nel 1947 con la concessione dell'indipendenza all'India, ma fu negli anni sessanta che vi fu una forte accelerazione del processo di dissoluzione definitiva dell'Impero

Convenzionalmente la fine "ufficiale" dell'Impero Britannico avvenne il 1º luglio 1997, giorno in cui Hong Kong, l'ultimo grande possedimento britannico in Asia, fu restituito alla Cina anche se, in senso politico ma non economico e finanziario, il dissolvimento dell'Impero Britannico era già avvenuto alcuni anni prima.

Diversamente da molti altri Imperi della Storia, l'Impero britannico non crollò in un momento preciso (come successe per l'Impero Romano, l'Impero Germanico, quello austriaco, quello russo o quello ottomano), bensì ebbe un crollo diluito nel tempo e anzi, come vedremo in quest'analisi, per alcuni versi sembra non essere mai crollato ed essersi, semmai "convertito" in un impero *offshore*.

Come da più parti sostenuto, infatti, se è vero com'è vero che l'impero coloniale britannico è ormai defunto, è altrettanto vero, come vedremo nel prosieguo, che esso ha semplicemente lasciato il posto ad un nuovo impero, non più coloniale nella sua accezione relativa allo sfruttamento delle ricchezze dei Paesi colonizzati, bensì finanziario e *offshore*.

I porti hanno lasciato il posto alle multinazionali bancarie e alle multinazionali finanziarie e le navi si sono trasformate in azioni, obbligazioni, fondi speculativi, titoli etc. e, soprattutto, in denaro liquido.

L'impero britannico di Sua Maestà si è così trasformato da impero coloniale a impero *offshore*; impero che ha il suo apice nella City di Londra: a detta di molti, come detto (e come si cercherà di dimostrare), la madre di tutti i paradisi fiscali.

Analizziamo brevemente le caratteristiche di alcuni paradisi fiscali del Commonwealth, ex colonie dell'Impero Britannico o, comunque, riconducibili all'egemonia del Regno Unito.

Isola di man

L'Isola di Man, resa famosa soprattutto dalla corsa motociclistica denominata *"tourist trophy"*[21], fa parte delle isole britanniche; è situata nel mar d'Irlanda, tra Inghilterra, Scozia, Irlanda e Galles, ha una popolazione di circa 76.000 abitanti distribuita su una superficie territoriale di circa 572 chilometri quadrati: metà della popolazione non è nata nell'isola, non è, quindi, autoctona.

Politicamente non fa parte né del Regno Unito né dell'Unione Europea ma dipende direttamente dalla Corona Britannica (*"British Crown Deopendancy"*), tant'è che la regina Elisabetta II (*lord of man*) è il Capo dello Stato, mentre il rappresentante della Corona dell'isola è un Governatore Luogotenente che resta in carica per cinque anni.

La valuta corrente nell'Isola di Man è la sterlina inglese, anche se l'isola ha il potere di "battere" moneta che ha corso legale e circola liberamente assieme alla sterlina.

Nell'Isola di Man vige dal 2006 una tassazione pari allo zero per cento per le società locali e internazionali commerciali (escluse le banche), mentre le società di "trading" sono tassate al 10 per cento, pertanto è un ottimo rifugio per chi vuole sfuggire alla tassazione.

L'isola offre infrastrutture telematiche e informatiche all'avanguardia ed è quindi una meta ambita per coloro che

---

[21] si corre solitamente la prima settimana di giugno di ogni anno sul circuito stradale dello Snaefell Mountain Course (circuito di 60,720 km: 37,73 miglia).

per sfuggire al Fisco intendono costituire società "virtuali" online commerciali, soprattutto per il commercio elettronico (*e-commerce*); l'isola offre anche la disponibilità di moltissimi casinò (reali e virtuali) e punti di scommesse online, con un elevatissimo giro d'affari che giornalmente viene riciclato attraverso le scommesse (legali in gran parte dei paesi anglofoni) ed il gioco d'azzardo.

L'Isola di Man è un centro leader del settore *offshore*, infatti la maggior risorsa economica dell'isola è data dal settore finanziario che comprende banche, compagnie commerciali, assicurazioni, fondi d'investimento, crediti fiduciari etc., mentre è abbastanza contrastato, a livello locale, il fenomeno del riciclaggio così come sono contrastati i traffici finanziari legati alla droga e alla criminalità organizzata.

La legislazione fiscale dell'Isola di Man, infine, non prevede alcuna imposizione fiscale per le plusvalenze e per le successioni.

Diversi personaggi, più o meno famosi, del mondo dello sport e del cinema hanno stabilito la loro residenza sull'isola di Man, come ad esempio il ciclista Cavendish (autoctono) e l'ex pilota di Formula 1, ex campione del mondo con la scuderia Williams, nel 1992, Nigel Mansell.

I Baliati di Guernsey e Jersey

Il re John d'Inghilterra, nel 1204, fu costretto a restituire alla Francia la Normandia, ma riuscì a conservare le Isole del canale, vale a dire Guernsey e Jersey.

Guernsey che si trova a circa 20 miglia dalla costa francese è, di fatto, il capoluogo delle isole del Canale (o Isole Anglo-Normanne), situate nel canale della Manica fra Gran Bretagna e Francia: è un'isola con una popolazione di circa 65.000 abitanti distribuita su un'area di circa 78 chilometri quadrati.

Delle Isole del Canale fa parte anche Jersey che, invece è più popolata di Guernsey (circa 91.000 abitanti) ed è più vasta (circa 118 chilometri quadrati) ed è situata a circa 100 miglia dalla costa inglese ed a 14 dalla costa francese.

Jersey è un importantissimo centro mondiale dell'offshore con all'incirca 35.000 società commerciali, depositi bancari per circa 160 miliardi di dollari e circa un centinaio di società di investimento finanziario che "gestiscono" all'incirca un patrimonio finanziario di 80 miliardi di dollari annui.

I Baliati di Guernsey e Jersey non fanno parte del Regno Unito, sono autogovernate ma dipendono direttamente dalla Corona Britannica.

Diversamente da altre colonie della Corona Britannica, però, i Baliati di Guernsey e di Jersey possono legiferare autonomamente in materia fiscale.

Nelle Isole di Guernsey e di Jersey non esiste alcuna tassazione sulle plusvalenze e sulle successioni, il reddito, per i residenti, invece è soggetto a tassazione con un'aliquota forfettaria del 20 per cento.

Una delle caratteristiche di questi ultimi due paradisi fiscali è che non è possibile ottenere la residenza in essi se non si dispone di un reddito di almeno 650.000 euro annui.

Guernsey e Jersey sono considerati ottimi paradisi fiscali per via della facilità di costituire i *"trust"* (che spiegheremo nel prosieguo), per via della semplicità con cui è possibile costituire società e per la riservatezza che offrono in relazione alle transazioni finanziarie.

Vincolati ai *"trust"* del minuscolo paradiso fiscale dell'Isola di Jersey vi sono capitali per oltre 400 miliardi di dollari ed altre migliaia di miliardi di dollari si trovano in analoghi *tax haven* britannici sparsi per il globo, nella più assoluta segretezza.

In particolare il settore bancario di Guernsey è in continuo sviluppo: i depositi gestiti dalle banche superano attualmente i 56 milioni di sterline, le società *offshore* amministrate sono all'incirca 14.000, mentre il patrimonio dei fondi amministrati e provenienti da gestori appartenenti ad almeno quaranta nazioni estere, supera i 30 miliardi di dollari.

Lo spirito dell'isola di Jersey, pervasa di reti di insider trading elitarie e segrete, collegate al settore finanziario, è tutto racchiuso in tre modi di dire locali: "non lavare i panni sporchi in pubblico", "non agitare le acque" e "se non sei contento, c'è sempre una nave in partenza al mattino".

Nel 2001[22], sulla minuscola Isola di Jersey si stimava l'esistenza di circa ottanta banche residenti ma internazionali, prevalentemente inglesi e statunitensi, che impiegavano circa 10.000 dipendenti per gestire ed amministrare un giro d'affari annuo di circa 340 miliardi di sterline.

Anguilla

L'Isola di Anguilla si trova a circa 150 miglia ad est della Repubblica di Porto Rico, come le Isole Saint Kitts and Nevis (di cui tratteremo nel prosieguo), fa parte del Regno Unito di Gran Bretagna e Irlanda del Nord.

E' un territorio dipendente dalla Corona Britannica, definito territorio d'oltremare Britannico, situato nei Caraibi ed ha una popolazione, stimata nel 2005, di circa 12.000 abitanti su una superficie di circa 91 chilometri quadrati: la capitale è *"The Valley"* e la lingua ufficiale è, ovviamente, l'inglese.

---

[22] Nobile Romano, (2002), Paradisi fiscali: uno scippo planetario, Edizioni Malatempora, Città di Castello (PG)

A livello politico il potere esecutivo spetta alla Regina Elisabetta II del Regno Unito che è rappresentata nel territorio dal Governatore di Anguilla (di nazionalità inglese) eletto, appunto, dalla Regina, che presiede un Consiglio Esecutivo dei Ministri, designato da un Consiglio Amministrativo eletto dalla popolazione.

La difesa e gli affari esteri sono di competenza britannica, mentre le restanti attività sono indipendenti dalla Corona Inglese, in particolare, il Governatore inglese ha la responsabilità primaria per le questioni finanziarie *offshore*[23].

Le maggiori risorse economiche di Anguilla sono la pesca e il turismo; il Governo italiano ha inserito questo Stato, con Decreto Ministeriale del 4/5/1999, tra quelli a fiscalità nella cd. lista nera, ponendo, quindi, delle limitazioni fiscali ai rapporti economici e commerciali che si intrattengono tra le aziende italiane e i soggetti ubicati in tale territorio.

Per quanto concerne l'imposizione fiscale, ad Anguilla non vige alcuna tassa, l'imposizione fiscale, quindi, è pari a "zero"; non vi sono imposte né sui redditi, né sugli immobili, né sulle successioni, né sulle plusvalenze e né sulle imprese.

Inoltre, grazie alla sua "privacy", Anguilla favorisce i "*trust*", le unioni di più aziende o soggetti, in particolare gli

---

[23] Nobile Romano, (2002), Paradisi fiscali: uno scippo planetario, Edizioni Malatempora, Città di Castello (PG), pag. 82

"Asset Protection Trust" che permettono di proteggere i beni da rivendicazioni di tipo civilistico (ad esempio un *Asset Protection Trust* di medici dentisti permette loro di proteggere i beni così riuniti nel paradiso fiscale da rivendicazioni sulla negligenza).

Anguilla non ha firmato alcun trattato internazionale sulla doppia imposizione e sulla *"worldwide taxation"* (Vgs. successivi capitoli), dispone di un efficientissimo sistema di banche e finanziarie e sul suo territorio sono dislocate più di trecento banche estere, tra le quali la "Barclays" e la "Bank of America" e molte società "cartiere", anche italiane, società fittizie istituite "ad hoc" per le false fatturazioni (foi)[24], utilizzate soprattutto per gli illeciti rimborsi dell'Iva.

Anguilla costituisce un ottimo paradiso fiscale, nel quale è in pratica sconosciuta la criminalità, grazie alla protezione militare e di polizia, britannica.

Antigua e Barbuda

Antigua e Barbuda hanno una popolazione di circa 66.500 abitanti distribuita su una superficie di 442 chilometri quadrati e sono una repubblica indipendente costituita nell'ambito del Commonwealth Britannico.

---

[24] Foi: fatture per operazioni inesistenti

L'economia di Antigua e Barbuda è costituita dalla pesca, dall'agricoltura, dall'artigianato locale, dal turismo e dall'industria manifatturiera leggera, ma la parte più importante di tutta l'economia locale è data dai servizi e investimenti bancari e finanziari: parte che genera la maggior parte del PIL locale ed è, di fatto, la più importante fonte di sostentamento dei questi due Paesi.

Tra le principali banche estere che hanno sede ad Antigua e Barbuda si segnalano la "Barclays", la "Bank of America", la "Royal Bank of Canada" e la "Scotia Bank".

L'OCSE aveva compreso Antigua e Barbuda, così come quasi tutti i territori d'oltremare della Corona britannica e le ex colonie britanniche, nella *black list* per l'assoluta assenza di trasparenza, di comunicazioni e di informazioni nelle transazioni economiche e per la mancata cooperazione nella lotta al riciclaggio del denaro sporco.

Barbados

Le Barbados sono le isole più ad est delle isole caraibiche e sono situate a circa 430 chilometri a nord ovest del Venezuela, a 320 chilometri da Trinidad, la loro capitale è Bridgetown e la lingua ufficiale è l'inglese.

Le Barbados hanno una popolazione di circa 280.000 abitanti distribuita su una superficie di circa 431 chilometri quadrati, hanno ottenuto l'indipendenza dal Regno Unito nel 1996 e da allora sono un membro indipendente del *"British Commonwealth"*, ma restano comunque soggette alla Regina Elisabetta II del Regno Unito ed infatti la legge corrente è quella britannica (integrata con alcune legislazioni locali).

Anche per le Barbados, l'economia si basa sulla pesca, sull'agricoltura, sul turismo e sull'industria manifatturiera leggera ma la parte predominante la ha l'industria dei servizi bancari e finanziari ed anche le Barbados risiedono in pianta stabile nelle *black list* a causa della bassissima imposizione fiscale.

Contrariamente, ad esempio ad Anguilla, le Barbados non tassano le plusvalenze e le successioni ma, in compenso, comprendono forme d'imposizione fiscale in materia di Iva e di redditi; addirittura la tassazione sui redditi alle Barbados è stranamente più alta (20 percento) che negli Stati Uniti e nel Regno Unito, però è comunque conveniente risiedere alle Barbados perché vige il principio (identico a quello britannico) del *"resident but not domiciliated"* che esamineremo quando tratteremo della City di Londra, secondo il quale se si è solo residenti ma non domiciliati, sono tassati solo i redditi esteri che si rimettono in circolo nel Paese: quindi un soggetto che è residente ma non domiciliato alle Barbados e che mantiene il proprio reddito al di fuori di questo territorio non è, in definitiva, mai soggetto ad imposizione.

Le Barbados, quindi, sono il paradiso fiscale perfetto per chi vuole evitare l'imposizione sulle plusvalenze, mentre impongono alcune imposizioni e regole da osservare se si vuole evitare la tassazione sui redditi.

Questo meccanismo è un po' complesso, ma permette di non essere assoggettati a tassazione sulle plusvalenze in ogni caso e di non essere soggetti alla tassazione sui redditi utilizzando l'escamotage della residenza alle Bahamas e del domicilio (e del reinvestimento dei redditi) nel Regno Unito: è un sistema che sembra studiato minuziosamente per far confluire i flussi di denaro nella casa madre britannica.

A differenza dei paradisi fiscali a "zero" tasse, le Barbados hanno firmato undici trattati internazionali circa la doppia imposizione, l'ultimo dei quali con l'Austria, mentre l'unico canale disponibile circa le informazioni sulle transazioni finanziarie stipulato è quello con Stati Uniti, Regno Unito e Canada.

Le Barbados, in cooperazione con le autorità statunitensi in relazione alla lotta contro il traffico di droga ed in relazione ad altri crimini transnazionali, hanno firmato un trattato internazionale a grande respiro che prevede la possibilità di procedere all'estradizione di residenti autoctoni e residenti stranieri per i reati legati al fenomeno criminoso del riciclaggio del denaro.

Belize

Il Belize ha una popolazione di circa 280.000 abitanti distribuita su un superficie pari a circa 23.000 chilometri quadrati, è quindi uno Stato indipendente, situato nel centro America, abbastanza grande anche se anch'esso fa parte del Commonwealth e dipende dalla Regina d'Inghilterra. Ha un'economia più evoluta rispetto agli altri Stati visti fino ad ora, ma anche in Belize il settore bancario e finanziario è il settore economico più importante.

La tassazione è simile a quella in vigore nelle Barbados, quindi nessuna tassazione per le plusvalenze e tassazione sui redditi abbastanza alta ma facilmente aggirabile attraverso l'escamotage del *"resident but not domiciliated"*.

Il Belize è di un paradiso fiscale molto conveniente soprattutto per i cambi di valuta e per il riciclaggio del denaro e, data la sua posizione geografica a ridosso del Messico ed ad altri Stati centroamericani, è molto sfruttato per le attività criminali soprattutto legate al traffico internazionale di droga da parte dei "narcos".

Dominica

Il Commonwealth di Dominica ha una popolazione di circa 71.500 abitanti distribuiti su una superficie territoriale che si estende per circa 290 chilometri quadrati; a livello politico e amministrativo è uno Stato indipendente e fa parte anch'esso del Commonwealth Britannico, cioè dell'ex Impero Britannico.

Ha un'economia primordiale costituita da prodotti della pesca, agricoltura e turismo nonché, in linea con gli altri *tax haven* basata sul sistema bancario e finanziario.

L'imposizione fiscale di Dominica è molto bassa, similmente a quanto accade negli altri paradisi fiscali del Commonwealth e similmente al Belize è una località *offshore* adatta al riciclaggio del denaro sporco più che all'elusione o all'evasione fiscale in senso stretto.

Gibilterra

Gibilterra è una colonia britannica situata a sud della Spagna, alla punta estrema della penisola Iberica e di fronte al Marocco, in prossimità dell'omonimo stretto che congiunge e collega il mar mediterraneo con l'Oceano Atlantico, nell'antichità denominato "le colonne d'Ercole".

Sebbene la Spagna ne abbia più volte reclamata l'annessione, Gibilterra è direttamente controllata dal Regno

Unito che ne mantiene la responsabilità della difesa, degli affari esteri e della sicurezza interna.

Gibilterra è dotata di una legislazione che consente la strutturazione di entità *offshore* nel suo territorio in tempi velocissimi in perfetto stile britannico, come avviene per la City di Londra, come vedremo nel prosieguo.

La moneta corrente utilizzata a corso legale a Gibilterra è la stessa del Regno Unito, cioè la sterlina britannica.

Gibilterra ha una popolazione di circa 27.000 abitanti distribuita su un fazzoletto di terra di circa sei chilometri quadrati: le società *offshore* presenti sul suo limitatissimo territorio sono circa 60.000 e, a parte una piccola tassa annua nell'ordine di circa 225 sterline (circa 320 euro), non sono tenute al pagamento di nessun'altra tassa.

La particolarità della legislazione indipendente di Gibilterra è quella di esentare da imposizioni fiscali tutti i soggetti, non residenti, che possiedono società che non conducono affari con i residenti: ciò non esclude, però, che tali soggetti non residenti non possano utilizzare uffici, personale e infrastrutture locali: la totale esenzione scade dopo venticinque anni dalla costituzione della società.

Gibilterra è una buona meta per concludere operazioni *offshore* sia per le velocissime pratiche di istituzione delle società sia per la tassazione che è, in effetti, nulla e per ottenere questi benefici occorre abitare per almeno trenta giorni all'anno sul suolo di questo territorio ed avere un reddito abbastanza alto.

La tassazione sui redditi, a Gibilterra inizia a partire dalla soglia di 60.000 euro, pertanto in questo territorio vi sono una miriade di soggetti fisici e giuridici che vi svolgono, esentasse, le loro attività senza mai raggiungere questa cifra: infatti la maggior parte dei migranti verso Gibilterra restringe il flusso di denaro (o vi svolge attività solo in parte) affinché esso non superi detta quota.

Anche superando quota 60.000 euro, la tassazione sul reddito non raggiunge, comunque, i livelli italiani o europei, infatti è fissata al 35 per cento: per questo motivo Gibilterra, anche alla luce della sua posizione geografica, è meta soprattutto di ricchi cittadini comunitari (soprattutto sudditi di Sua Maestà la Regina Elisabetta II).

Gibilterra è anche un paradiso fiscale molto vantaggioso per i "trust" di aziende, i redditi creati dai "trust" dislocati in questo territorio sono, infatti, esenti dalle imposte sui redditi ed è, anche, tristemente nota per essere una della maggiori "lavanderie" di denaro "sporco" a livello mondiale, nonostante Gibilterra abbia firmato e ratificato la Convenzione europea sulla Mutua Assistenza nelle questioni anti-crimine.

Isole Vergini Britanniche

Le Isole Vergini Britanniche fanno parte dei territori d'oltremare del Regno Unito e sono parte integrante dell'arcipelago delle Isole Vergini, situato nel Mar delle Antille, composto da 40 isole, 15 delle quali abitate, situate a 100 chilometri ad est di Porto Rico e a 220 chilometri a nord-ovest di Saint Kitts.

Il capoluogo è Road Town, la lingua ufficiale è l'inglese, mentre la moneta corrente è, stranamente, il dollaro statunitense (a testimonianza degli strettissimi rapporti economici e finanziari esistenti tra le due potenze degli Stati Uniti e del Regno Unito).

La popolazione ammonta a circa 27.000 anime, distribuita su una superficie di circa 153 chilometri quadrati, costituita, come detto, da una quarantina di piccole isole; il capo dello Stato è la Regina Elisabetta II d'Inghilterra, che esercita le sue funzioni tramite un governatore locale che presiede un Consiglio Esecutivo.

Le Isole Vergini Britanniche fanno parte della categoria dei paradisi fiscali a bassa tassazione e non a quella dei paradisi fiscali a tassazione inesistente, anche se in realtà, la legislazione fiscale di queste isole non prevede alcuna tassazione per redditi, plusvalenze, successioni, società (le società con più di sette dipendenti hanno un'imposizione irrisoria del 2 per cento) ed Iva.

Attualmente l'unica imposizione vigente in questi territori riguarda i salari dei dipendenti, è, altresì, vigente un'imposta di bollo (minima) e un'imposta (anch'essa non elevata) sulle proprietà immobiliari.

Le Isole Vergini Britanniche offrono una protezione eccellente ai detentori di capitali offshore; in questa località, infatti, non è previsto alcun scambio d'informazioni con gli altri Paesi, vige un ferreo segreto bancario ed è, quindi, possibile mantenere segrete le transazioni finanziarie così come l'ammontare dei conti correnti e dei prodotti finanziari detenuti e/o venduti, etc.

E' possibile acquisirvi la residenza soltanto se si dispone di somme considerevoli da investire in loco (non è fissato un minimo ma occorre negoziare la richiesta ogni volta con le autorità locali) o sposando un/una cittadino/a locale.

Le Isole Vergini Britanniche sono un importante centro finanziario offshore, la cui gestione degli affari coinvolge altri importantissimi centri offshore, come, a parte il Regno Unito, Hong Kong, Svizzera e Lussemburgo.

Nonostante il ferreo segreto bancario, sembra che, fortunatamente, nelle Isole Vergini Britanniche non sia molto in auge il fenomeno del riciclaggio del denaro "sporco" così come non vi transitino proventi riconducibili al traffico di droga ed anzi, queste isole offrono una discreta cooperazione di polizia e giudiziaria in questi settori verso la comunità internazionale, probabilmente perché tale cooperazione consente loro di continuare ad essere un paradiso soprattutto di carattere fiscale, dove occultare i fondi agli occhi del fisco, ma senza "interazioni" verso crimini più pericolosi che non l'elusione e l'evasione fiscale.

Isole Cayman

Le isole Cayman sono un arcipelago di tre isole (Gran Cayman, Little Cayman e Cayman Brac) situato nel mar delle Antille con una superficie di circa 259 chilometri quadrati e una popolazione residente di circa 40.000 abitanti.

Alle Isole Cayman vi sono costituite circa 850 banche internazionali e 20.000 società commerciali registrate che hanno la loro sede in loco: la capitale è Georgetown in onore del re Giorgio d'Inghilterra ed è uno dei maggiori centri mondiali dell'*offshore*.

Sono un territorio d'oltremare della Corona Britannica (quindi sono ancora una colonia britannica) ed, altresì, uno dei più famosi paradisi fiscali al mondo.

La legislazione locale, infatti, non prevede alcuna tassazione né sul reddito, né sulle società (per cinquant'anni), né sulle plusvalenze, né sulle successioni, né sulle proprietà immobiliari: le uniche imposte sono quelle di bollo, quelle doganali e una tassa annuale forfettaria su alcune società.

Oltre che per le agevolazioni fiscali, le Isole Cayman sono note per la riservatezza che offrono ai detentori di capitale ed agli investitori finanziari, ai correntisti bancari e per gli eccellenti servizi bancari, finanziari e assicurativi offerti che spaziano dai depositi, ai prestiti, ai finanziamenti ed ai più moderni prodotti finanziari costituiti dalla "pianificazione fiscale" e dalla gestione personalizzata del patrimonio.

L'unico accordo fiscale internazionale firmato dalle Isole Cayman è con gli Stati Uniti, ma con la clausola che le autorità locali diffonderanno soltanto le informazioni necessarie per combattere la criminalità organizzata, di contro non esiste alcun controllo sugli spostamenti di denaro in entrata o in uscita.

Per stabilirsi in modo permanente alle Isole Cayman e ottenere la residenza occorre un reddito di almeno 200.000 euro annui, con l'obbligo di investire almeno questa somma nell'economia locale.

Come per quanto avviene in Gran Bretagna, come vedremo nel prosieguo, anche alle Isole Cayman, attraverso il sistema delle *"nominee"* sono previste le nomine di amministratori professionisti per occultare i veri proprietari delle società.

Un triste primato delle Isole Cayman è dato dalla loro peculiare legislazione particolarmente adatta all'insinuazione del fenomeno del riciclaggio del denaro "sporco", in particolar modo legato al traffico della droga verso gli Stati Uniti: le banche delle Isole Cayman sono state spesso utilizzate come canale proprio per il riciclaggio dei guadagni delle attività criminali attraverso il paese e verso gli Stati Uniti.

Altra caratteristica che rende le Isole Cayman uno dei paradisi fiscali più pericolosi per la comunità internazionale è data dalla pratica in uso in questo territorio della c.d. "ri-fatturazione"[25], attraverso la quale, ad esempio, se un venditore sudamericano vuole spedire della merce dalla Corea del Sud ad un acquirente in sud America, può farlo senza che quest'ultimo ne sia al corrente, "rifatturando", cioè la merce sotto il nome di una "corporazione caymana", che poi, a sua volta, rispedirà il carico.

La pratica della cd. "ri-fatturazione caymana" consente in definitiva di mantenere venditore ed acquirente assolutamente separati ed anonimi, cioè non permette di poter <u>effettuare alcun collegamento</u> né a livello di indagine né a

[25] Nobile Romano, (2002), Paradisi fiscali: uno scippo planetario, Edizioni Malatempora, Città di Castello (PG), pag. 88

livello commerciale fra le due controparti commerciali: tale pratica è, quindi, ideale nel commercio, ad esempio, di armi o per altri traffici criminali o di malaffare in genere perché permette, tramite una sorta di triangolazione, di effettuare transazioni commerciali nel più totale anonimato.

Jamaica

La Jamaica è la terza isola dei Caraibi per estensione, con un'area di circa 145 chilometri quadrati con una popolazione di circa tre milioni di individui.

Si trova a 150 chilometri a sud di Cuba ed a 100 chilometri ad est di Haiti e della Repubblica Dominicana, la capitale è Kingston e la lingua ufficiale è l'inglese.

L'indipendenza politica dal Regno Unito fu concessa nel 1992 ma l'isola è rimasta membro del *"British Commonwealth"* ed infatti è governata da un Governatore che rappresenta la Corona Britannica e la moneta corrente è il dollaro giamaicano (sebbene i prezzi siano imposti in dollari americani e poi convertiti)..

La Jamaica è il maggior produttore mondiale di marijuana, cocaina ed eroina e rappresenta un luogo fiorente per il trasporto della droga in Sud America con destinazione Stati Uniti, Canada ed Europa ed è questo il motivo per il quale molte delle organizzazioni criminali principali del paese trattano il traffico di droga, in quanto mercato molto redditizio e facilmente occultabile.

La Jamaica, in linea di massima, non è considerata un importante centro *offshore* o un rifugio dalle tasse, tuttavia, essendo un luogo ideale per i trafficanti di droga, è molto vulnerabile al fenomeno del riciclaggio del denaro "sporco".

I trafficanti giamaicani, infatti, riciclano la maggior parte dei loro profitti attraverso operazioni bancarie *offshore* o imprese e legittimi investimenti al di fuori del paese, trasferendo poi detti profitti verso le Isole Cayman e verso gli altri paradisi fiscali della zona caraibica.

Saint Kitts & Nevis

Saint Kitts & Nevis, scoperte da Cristoforo Colombo nel 1493, sono isole situate a sud est di Miami, quindi abbastanza vicine alla costa della Florida.

La popolazione conta circa 10.000 abitanti distribuita su una superficie di circa 389 chilometri quadrati.

La capitale di detti territori è Basseterre, la lingua ufficiale è l'inglese, mentre la moneta a corso legale vigente in queste isole è il dollaro caraibico: peculiarità di questi paradisi fiscali è che in questi territori non esiste alcun controllo sui cambi di valuta e sugli spostamenti e sul traffico delle valute estere.

Nevis era una colonia inglese finché nel 1993 divenne indipendente costituendo con la vicina Saint Kitts la Federazione di Saint Kitts & Nevis: federazione che basa il suo modello democratico su quello del Regno Unito ed ancora oggi sono territori che dipendono direttamente dalla Corona Britannica che nomina un Governatore in loco.

L'economia di questi territori si basa principalmente sulla coltivazione e sul commercio della canna da zucchero e sul turismo, anche se la fonte principale dell'economia locale è costituita dai patrimoni esteri che trovano rifugio in queste isole, nelle quali, infatti, la tassazione è nulla, è totale.

Saint Vincent & Grenadines

Saint Vincent & Grenadines sono arcipelaghi formati da una moltitudine di isole, facenti parte delle Piccole Antille, situate nel mar dei Caraibi a circa 1.600 miglia a sud est dalla costa della Florida.

L'isola maggiore è Saint Vincent che ha una superficie di circa 345 chilometri quadrati, sulla quale è posta la capitale Kingstown e la moneta corrente è il dollaro caraibico ma circolano comunemente sia il dollaro statunitense sia la sterlina britannica.

Saint Vincent & Grenadines divennero indipendenti dal regno Unito soltanto nel 1979 ed attualmente sono una democrazia parlamentare; i due paesi sono comunque membri del *"British Commonwealth"*, alle dirette dipendenze della Corona Britannica che nomina, come di consueto, un suo Governatore e rappresentante in loco.

A Saint Vincent & Grenadines vige una ferrea legislazione sulla protezione della riservatezza delle informazioni finanziarie e bancarie che non possono essere assolutamente mai fornite alle autorità fiscali straniere.

Seychelles

Le Seychelles (ufficialmente Repubblica delle Seychelles) sono un arcipelago composto da circa 115 isole dislocate nell'Oceano Indiano, a nord-est del Madagascar ed a 1500 chilometri dalla costa dell'Africa orientale.

Le isole più prossime sono Zanzibar ad ovest, Mauritius e Réunion a sud, Comore e Mayotte a sudovest e Maldive a nordest.

La popolazione è costituita da circa 80.000 abitanti distribuita su una superficie di 455 chilometri quadrati, l'isola principale è Mahè, la capitale è Victoria e la moneta locale è la rupia: anche in questo territorio non esiste alcun controllo di tipo valutario.

Le Seychelles sono una repubblica ufficialmente indipendente (dal Regno Unito dal 1976), membro del *"British*

Commonwealth" e le lingue ufficiali sono l'inglese e il francese, anche se in ambito finanziario la lingua ufficiale è quella britannica.

L'economia locale si basa sul turismo e sulla pesca, ma l'attività finanziaria, grazie alle numerose strutture *offshore* straniere qui dislocate (soprattutto banche ed assicurazioni), è la principale fonte economica per questo territorio.

Le Seychelles, infatti, sono un paradiso fiscale a imposizione nulla, le strutture *offshore* residenti alle Seychelles sono esenti da qualsiasi imposizione fiscale.

Peculiarità delle Seychelles è data dalla grande quantità, soprattutto a Victoria, di studi legali e di consulenza che forniscono ogni informazione utile nonché i più sofisticati prodotti finanziari *offshore*, per ogni esigenza.

Turks & Caicos

Le Isole di Turks & Caicos sono un gruppo di circa 20 isole tropicali coralline nell'Atlantico del Nord a sud-est delle Isole Bahamas, sono una dipendenza d'oltremare del Regno Unito e dipendono direttamente dalla Corona Britannica che nomina un Governatore in loco ed anche la legislazione presente è "formata" in aderenza ai principi del *"common law"* britannico.

La popolazione di questi territori non supera i 32.000 abitanti distribuita su una superficie di circa 417 chilometri quadrati.

L'economia delle Isole di Turks & Caicos si basava sino al 1981 sul turismo, sulla pesca e sul commercio, dopo tale data, l'istituzione della *"Companies Ordinance"*, sancì il passaggio dalla vecchia economia locale alla nuova e fiorente economia basata su questo nuovo centro della finanza offshore, che negli anni è divenuto talmente importante da contrastare il potere finanziario del vicino paradiso fiscale costituito dalle isole delle Bahamas[26].

Anche in questi territori vige l'esenzione assoluta dall'imposizione fiscale per le società commerciali ma per un periodo limitato di vent'anni dalla data di costituzione.

Particolarità del paradiso fiscale di Turks & Caicos è che in questi territori sono consentite le azioni al portatore ed è quindi, praticamente impossibile individuare gli azionisti delle società.

Dopo aver esaminato brevemente alcuni fra i maggiori paradisi fiscali dell'impero *offshore* britannico è possibile constatare che, seppur con alcune differenze, gli "indizi"

---

[26] Nobile Romano, (2002), Paradisi fiscali: uno scippo planetario, Edizioni Malatempora, Città di Castello (PG)

caratterizzanti che permettono l'individuazione di una *tax haven* sono, a grandi linee, sempre identici per ognuno di essi, cioè bassa o nulla imposizione fiscale, massima segretezza e tutela delle informazioni finanziarie e del segreto bancario, nessuno scambio di informazioni e nulla cooperazione con gli altri Paesi, richiesta più o meno palese di poter disporre di redditi elevati per ottenere la residenza in loco ed una struttura finanziaria e bancaria (nonché spesso anche delle infrastrutture di telecomunicazione e telematiche) sovradimensionata rispetto all'economia locale.

Abbiamo visto, inoltre, che uno dei termini più ricorrenti è quello di "*trust*"; il "*trust*" è l'equivalente anglosassone del segreto bancario per la Svizzera, cioè una peculiarità, una tipicità dei paradisi fiscali di madrelingua inglese, come il segreto bancario, da sempre è sinonimo di "Svizzera".

I "*trust*" sono meccanismi silenziosi e potenti di cui, solitamente, è impossibile trovare traccia negli archivi pubblici, in quanto sono il frutto di un accordo segreto tra gli avvocati e i loro clienti.

Essenzialmente un "*trust*" agisce sulla proprietà di un patrimonio che viene scomposta in vari elementi distinti: in pratica, con la creazione di un "*trust*", un soggetto trasferisce il suo patrimonio all'amministratore fiduciario, di cui tratteremo quando parleremo della City di Londra, che ne diventa l'effettivo proprietario.

L'amministratore fiduciario, però, secondo la legislazione anglosassone, non può spendere o consumare a suo piacimento e liberamente il patrimonio affidatogli perché è legalmente tenuto a rispettare i termini del mandato fiduciario, ovvero l'insieme delle istruzioni che gli indicano come distribuire i benefici tra i beneficiari.

I rapporti di "*trust*" sono solitamente legittimi e legali ma diventano pericolosissimi quando sono utilizzati nei paradisi fiscali ed infatti, come abbiamo visto, sono utilizzati da tutti i paradisi fiscali britannici.

Ciò perché essi, in tali territori, sono utilizzati esclusivamente per l'esecrabile fine di evadere le imposte perché creano quell'alone impenetrabile che è ancora più "subdolo" del semplice segreto bancario o finanziario, che impedisce, di fatto, di risalire ai reali proprietari delle società e dei capitali.

Questo appare ovvio: perché Mr. Smith dovrebbe affidare il suo patrimonio finanziario o la sua società che detiene alle Bahamas ad un amministratore fiduciario (trust = fiducia) se non per evadere le imposte e per non far sapere al fisco o ad agli organi investigativi internazionali che è lui stesso il proprietario di quelle finanze e di quella società? Crediamo che, anche con tutta la buona volontà, non vi possano essere altre giustificazioni.

I *"trust"*, infatti, producono principalmente due effetti: prima di tutto creano una solida barriera giuridica che separa i diversi elementi della proprietà, quindi, in secondo luogo, questa barriera giuridica può diventare un'impenetrabile barriera informativa.

Il *"trust"*, in definitiva, avvolge il patrimonio in una segretezza di ferro ancora maggiore che non il semplice segreto a tutela dei correntisti o degli azionisti che vige nei paradisi fiscali non direttamente legati al Regno Unito.

Alcuni studiosi sostengono che il Regno Unito diede vita alle sue reti *offshore* spinta unicamente dal miope desiderio di trovare un modo affinché i suoi territori d'oltremare fossero in grado di finanziarsi autonomamente.

Uscita stremata dalla seconda guerra mondiale, seppur vincente, la Gran Bretagna aveva, infatti, scoperto che il suo impero, un tempo fonte di grandi guadagni, stava diventando sempre più oneroso e difficile da gestire, poiché le popolazioni locali iniziavano a mobilitarsi per ottenere l'indipendenza.

Ma altri sostengono una realtà ben diversa, secondo la quale i paradisi fiscali degli Stati facenti parte dell'ex impero coloniale britannico sarebbero nati, invece, per volontà di alcuni operatori del settore privato che lavoravano in un'area di estrema libertà, senza alcuna reale opposizione da parte del governo britannico.

CAPITOLO IV
City di Londra: la storia

A livello prettamente storico, l'ascesa della City di Londra che si candida prepotentemente come la città più importante d'Europa a livello finanziario, inizia alla fine del XIX secolo, anche se per un buon periodo, Londra divide il primato europeo con la capitale olandese, Amsterdam (e in seguito anche con Parigi).

Successivamente, grazie alla posizione dominante, a livello coloniale, della Gran Bretagna, la City conquista prepotentemente il ruolo di città finanziaria più importante a livello europeo e mondiale[27].

L'architettura finanziaria della City, cioè l'insieme dei servizi che essa era in grado di fornire, era sostanzialmente formata già dalla metà del '700, ma all'epoca era ancora Amsterdam a dominare la scena.

Lo *"status quo"* cambiò dopo il 1780, quando la rivalità fra i due Paesi di Olanda e Inghilterra, si risolse a favore di

---

[27] Cassis Youssef, (2008), Le capitali della finanza. Uomini e città protagonisti della storia economica, Brioschi editore, Sesto Fiorentino (FI), pag. 28 e ss.

quest'ultima, grazie soprattutto, alle nuove relazioni commerciali e politiche fra Inghilterra e Stati Uniti.

La guerra navale che, in seguito, contrappose le due flotte, inglesi ed olandesi dal 1780 ed il 1784 che si concluse con la completa espulsione della navi "*orange*[28]" dal Mar Baltico, pose fine alla supremazia olandese e coincise con il contemporaneo inizio dell'ascesa inglese.

Da questo fatto storico in poi, la particolare capacità e talento negli affari degli inglesi, la qualità dei servizi che erano in grado di offrire i suoi banchieri, finanzieri e amministratori, la rete commerciale e delle relazioni con le colonie, nonché il carattere innovativo in materia finanziaria che si concretizzò nel primo vero e proprio mercato internazionale dei titoli di Stato, fece sì che l'Inghilterra e la sua capitale divennero velocemente quel centro di strapotere finanziario come oggi è conosciuto e universalmente riconosciuto.

Le banche londinesi, le "*Merchant bank*" erano i nuovi e acclamati attori sul palcoscenico del Mondo e si caratterizzavano per essere un modello di banca di deposito in forma di società anonima (già da allora), dotate di una rete di

---

[28] Gli olandesi sono comunemente chiamati "orange" in onore della famiglia reale olandese che discende dagli Orange-Nassau. Ma fa anche riferimento al colore dei tulipani, fiore tipico dell'Olanda.

filiali su base regionale o nazionale specializzate soprattutto sullo sconto di effetti.

A contribuire alla crescita della City fu anche l'avvento del trasporto su rotaie, vera e propria rivoluzione dell'epoca, paragonabile al moderno trasporto aereo ed all'avvento della rete informatica.

Inglese è la prima locomotiva della storia, inventata da Richard Trevitrhick nel 1804 e inglese fu il primo collegamento ferroviario a vapore che univa Stockton e Darlington nel 1825, mentre nel 1875 fu completata la rete ferroviaria britannica che aveva il suo fulcro nella città di Londra.

Per dare un'idea dell'importanza che ebbe il trasporto ferroviario per l'evoluzione del suo impero finanziario, si pensi soltanto che in quegli anni, essa fu prodromica ad investimenti ammontanti a circa 630 milioni di sterline dell'epoca.

Una delle conseguenze della supremazia finanziaria della City fu l'attrazione esercitata sulle più grandi banche straniere dell'epoca che giungevano in gran numero a Londra per aprirvi sedi, agenzie e filiali in cerca di redditizie opportunità d'affari.

Nel 1870 il *"Credit Lyonnais"* francese aprì una sua filiale a Londra, la *"Deutsche Bank"* fece lo stesso nel 1873: nel 1913 alla vigilia della seconda guerra mondiale erano presenti nella sola capitale britannica trenta filiali di altrettante banche provenienti da dodici diversi Paesi.

Le banche inglesi dovevano, quindi far fronte ad un'agguerrita concorrenza all'interno del loro stesso Paese e la concorrenza delle banche estere non veniva visto dai politici inglesi come una minaccia bensì come una virtù, come un sintomo della vitalità della City di Londra.

Oltre all'attività bancaria, l'altra grande attività della City quale centro finanziario internazionale era il *"London Stock Exchange"*, cioè "la borsa di Londra[29]" che arrivò, nel 1914 a "quotare" addirittura un terzo di tutti gli strumenti finanziari negoziabili al mondo.

Le guerre mondiali e le crisi economiche che ne seguirono ebbero profonde ripercussioni sulla finanza mondiale, causarono profondi cambiamenti nell'ordine economico e mondiale e ciò fece si che il potere finanziario, la *leadership* mondiale si trasferì dalla Gran Bretagna agli Stati Uniti: la nuova potenza mondiale.

---

[29] La Borsa di Londra (in inglese London Stock Exchange, abbreviato in LSE) è la borsa valori con sede a Londra; è stata fondata nel 1801 ed è una delle più grandi borse valori del mondo, con molte società quotate anche al di fuori dei confini britannici.

Le *"Merchant bank"* londinesi, infatti, dopo la prima guerra mondiale entrarono in crisi e conobbero un momento veramente difficile.

Esse, infatti, fondamento del sistema creditizio della City di Londra fino al 1914 (così come dell'intero sistema economico-finanziario britannico), videro interrompersi i flussi finanziari ad esse diretti, a favore delle banche americane e la City uscì fortemente indebolita e provata dalla prima fase storica della grande guerra, mantenendo in parte soltanto i proventi derivanti dal commercio con i Paesi del suo impero coloniale.

Il dollaro iniziò a sostituire la sterlina negli scambi internazionali ed al declino della City di Londra, fece da contraltare il contemporaneo sviluppo di New York, quindi di Manhattan e di *"Wall street"*.

A beneficiare, invece, del conflitto mondiale furono i due paesi europei rimasti neutrali, la Svizzera ed i Paesi Bassi: gli attivi delle banche svizzere e di quelle olandesi, infatti, raddoppiarono a causa dei legami "sotto traccia" dei due paesi con i Paesi belligeranti, dai quali, nell'epoca bellica, fuoriuscivano ingenti flussi di capitale che trovavano rifugio, appunto, nelle banche dei Paesi neutrali.

Gli anni ruggenti di New York si interruppero, però, bruscamente con la grande crisi del 1929 che provocò nel mese di ottobre, il crollo della borsa di *"Wall street"* che paralizzò, di fatto, il sistema creditizio mondiale.

La crisi finanziaria che ne conseguì provocò ingenti danni anche ad altri centri finanziari, come ad esempio Ginevra, nella quale a seguito dello shock della grande crisi economica del 1929 e del crollo della borsa di New York, scomparvero la maggior parte delle banche della città.

La grande crisi provocò sconquassi finanziari nei paesi più industrializzati dell'epoca, comunque in minor misura a Londra ed in Gran Bretagna.

L'Inghilterra riuscì, infatti, ad evitare l'ondata di crisi mondiale grazie ai suoi rapporti internazionali ed al suo impero coloniale che, per la maggior parte, non comprendeva Paesi industrializzati.

L'impero coloniale britannico permise, così, alla Gran Bretagna di continuare, all'interno del suo contesto, a svolgere il suo ruolo dominante di centro finanziario utilizzando la sterlina, ruolo che in precedenza, prima dell'avvento di New York, aveva svolto a livello mondiale.

In pratica l'impero coloniale e la sterlina, salvarono la Gran Bretagna (e di conseguenza la City) dall'epoca della grande depressione che fu susseguente alla grande crisi finanziaria del 1929 ed anche dalle crisi economiche e finanziarie che seguirono alla seconda guerra mondiale.

La rinascita della City di Londra si ebbe all'incirca negli anni '60, curiosamente negli stessi anni del fenomeno musicale, sociale, culturale e mondiale dei *"Beatles"*; rinascita che, contestualmente, coincise, di nuovo con un certo declino da parte di New York.

I tempi, però ora, erano cambiati, i destini della City di Londra si separavano sempre di più dai destini dell'economia britannica, della quale era "figlia", ma alla quale era ormai legata solo da fattori di dislocazione geografica e da decisioni politiche ed il cambiamento dei tempi era testimoniato anche dalla prepotente ascesa, nel settore finanziario mondiale di un'entità, fino ad allora sconosciuta, come Tokyo[30] e di altre "entità" asiatiche.

Proprio da questa separazione dei due destini economici della City di Londra e della Gran Bretagna degli anni sessanta, ha inizio il regime paradisiaco della City, agevolato da alcune scelte fiscali e politiche dei Governi britannici che si è evoluto fino ai nostri giorni.

CAPITOLO V

City di Londra: il miglio quadrato e lo Stato nello Stato

Nella Città di Londra, la "City", occupa il quartiere, la porzione storicamente più antica dell'agglomerato urbano che

---

[30] Tokyo: capitale del Giappone.

costituisce la metropoli di Londra (in inglese *London*) e che proprio da questo quartiere trae il suo nome.

La City, l'area più antica di Londra, è allo stesso tempo, anche l'area più moderna della città; non tutti sanno che la City di Londra, oltre che essere il nucleo originario della grande metropoli, è anche il centro della finanza di tutto il mondo.

Tutta la finanza mondiale agisce ed opera all'interno della City, un'area ben definita all'interno della città, per la precisione un "miglio quadrato" di territorio, the "*Square Mile*" come viene chiamata dai londinesi.

La popolazione residente della City nelle ore serali e notturne e durante i giorni festivi è inferiore a ottomila persone, mentre, nei giorni feriali, durante l'apertura giornaliera degli uffici bancari e finanziari il "miglio quadrato" ne ospita oltre 300.000: circa 292.000 persone sono, quindi, dirigenti, funzionari ed impiegati, pendolari non residenti, occupati esclusivamente in attività finanziarie e bancarie.

Nella sua accezione più ampia, per "City di Londra" si intende "l'industria dei servizi finanziari ubicata nella capitale britannica e nelle aree limitrofe".

Più precisamente, il "miglio quadrato" è territorio costituito da un'area di 3,16 chilometri quadrati situata in una delle zone più esclusive del centro di Londra, che si estende dal *"Victoria Embankment"* sul Tamigi, passando per *"Fleet Street"*, il *"Barbican Centre"*, quindi per *"Liverpool Street"* a nord-est e poi di nuovo verso il Tamigi ad ovest della torre di Londra.

Secondo un'indagine svolta dal giornalista Luca Manes e pubblicata sull'edizione de "Il fatto quotidiano" del 12 dicembre 2011, la City di Londra, la cui dizione esatta è *"City of London corporation"*, sarebbe da considerarsi addirittura una sorta di "Stato nello Stato", con un suo sindaco (Ian Luder), un suo organo consiliare composto da cento membri, suoi magistrati, sue forze dell'ordine ed un proprio stemma araldico.

Pur facendo parte la City, infatti, della grande Londra (*the great London*) il *"mayor"* cioè il sindaco che presiede alla municipalità della grande Londra non ha alcuna giurisdizione; addirittura il sindaco della grande Londra è definito *"mayor"*, mentre il sindaco della City è definito *"lord mayor"*.

Se a Londra esistono un sindaco (*mayor*) ed un *lord mayor* è proprio perché la capitale britannica è divisa in due città: un grande centro metropolitano vivace e problematico, con un'isola *offshore* sommamente ricca al centro; non vi possono essere altre ragioni, se non quelle di preservare la totale autonomia della città (paradiso) dalla città (metropoli), che possano giustificare questo "doppio" sindaco.

La City di Londra dispone di un proprio sito web ufficiale[31], nel quale compaiono immagini di bambini di diverse etnie, ma anche leggendo più volte il contenuto del suo sito web non si riesce a capire che cosa sia, in effetti, la City o meglio, nulla dalla visione del sito, sembra far intravedere cosa sia in realtà: il messaggio che perviene al navigatore del web che s'imbatta nello spazio web della City of London Corporation è quello di un luogo tranquillo, con fini anche filantropici e culturali, dove bambini possono crescere e studiare in serenità, con alcuni richiami all'economia, ai parcheggi della City, ai lavori stradali in atto, alcuni link ad associazioni professionali, altri link agli uffici dello sceriffo, dei consiglieri etc.

Gli speciali privilegi della City scaturiscono, come detto, dal capitale finanziario perché i governanti della Gran Bretagna hanno sempre avuto bisogno del denaro della City ed in cambio, le hanno dato tutto ciò che mano a mano essa richiedeva.

La City ha, così, conquistato gradualmente il diritto di amministrare i propri affari attraverso una serie di concessioni ottenute dalla Corona britannica; dal Medioevo all'epoca degli

---

[31] www.cityoflondon.gov.uk/

Stuart, infatti, la City fu la principale fonte di finanziamento per i monarchi, alla costante ricerca di fondi per sostenere le loro politiche in patria e all'estero.

La City agisce ancora come uno Stato dentro lo Stato: se la City lo richiede, il primo ministro deve incontrare i suoi massimi funzionari entro dieci giorni, la regina addirittura entro una settimana ed il potere ed i privilegi della City di Londra scaturiscono anche dalla mancanza, nella Gran Bretagna, di una carta costituzionale scritta

A livello finanziario, la City di Londra amministra tre fondi speciali, due ufficiali ed uno di cui si conosce ben poco:

➢ Il primo è il *"City Bridge trust"* che la Corporation sfoggia in ogni possibile occasione e che effettua donazioni filantropiche del valore di circa 15 milioni di sterline all'anno.

➢ Il secondo è il *"City Fund"* nel quale confluiscono le rendite, i redditi da interessi e i finanziamenti del governo centrale britannico, che copre i costi di gestione correnti della Corporation nella sua funzione di autorità municipale.

➢ Il terzo (il più importante ed il più interessante, nonché il più "scomodo") è il fondo chiamato *"City Cash"* del quale la City ne ammette l'esistenza ma si rifiuta categoricamente di rivelare a quanto ammonti il suo patrimonio, dichiarando unicamente che si tratta di un "fondo privato accumulato negli ultimi ottocento anni". Si stima che questo fondo permetta alla City una spesa annua pari a circa 100 milioni di sterline, somma probabilmente derivante dagli interessi maturati sui suoi investimenti che, a detta di molti costituirebbe un patrimonio ancora maggiore di quello del Vaticano.

Infine, c'è anche chi sospetta, probabilmente in modo più che plausibile, che il "City Cash" non sia altro che un eccellente sistema di reinvestimento dei fondi ("sporchi" e "puliti") che, dopo essere entrati nella City come un insetto attratto dalla tela del ragno, vengono poi utilizzati dai governanti britannici per ripianare l'enorme deficit e l'enorme disavanzo commerciale in cui versa la Gran Bretagna.

Bisogna, a questo punto, ammettere che se così fosse, questo spiegherebbe anche la bassa tassazione vigente nel Regno Unito perché uno Stato che, grazie alle immense ricchezze di un proprio paradiso fiscale interno, riesce a contrastare il proprio debito pubblico, non ha poi necessità di tassare ferocemente i suoi cittadini (come sembra avvenire nel nostro Paese).

A parte il "Miglio quadrato", in altre zone della "Grande Londra" si trovano poi alcuni distretti finanziari più piccoli come i distretti di *"Mayfayr"* e *"Canary Wharf"* e in Gran Bretagna i nuovi centro finanziari di città come Edimburgo in Scozia o Leeds, ma nessuno di questi riesce a competere con lo strapotere finanziario della *City of London Corporation* che regna incontrastata nel regno unito, così come nel mondo.

In questa roccaforte finanziaria, che il capo del governo britannico David Cameron ha sempre difeso strenuamente, anche a costo di "rompere" quasi con gli Stati membri dell'Unione Europea, operano più banche straniere che in qualsiasi altro centro finanziario mondiale: nell'anno 2008 erano riconducibili al "Miglio quadrato", oltre la metà di tutte le operazioni internazionali su azioni, quasi il 45 per cento delle transazioni "fuori borsa"[32] (*off board*) in derivati[33], il 70 per cento delle transazioni in "eurobbligazioni"[34], il 35 per

---

[32] Operazioni in titoli non effettuata nel mercato organizzato, ma direttamente tra due contropartite.

[33] In finanza, è un "derivato" quel contratto o titolo il cui prezzo sia basato sul valore di mercato di un bene (azioni, indici finanziari, valute, etc.). I derivati possono essere anche speculativi, sfruttando il cd. effetto leva che è il maggior guadagno rispetto al capitale investito. Nei derivati, l'effetto leva consiste nell'assumere impegni o diritti ad acquistare o vendere versando importi di percentuali contenute (dal 2% al 7%) del valore

[34] Un'Eurobbligazione è un'obbligazione emessa in un Paese diverso da quello del debitore e denominata in una valuta diversa da quella del Paese di collocamento del titolo: ad esempio, un titolo collocato su Londra da una società statunitense e denominato in dollari o euro. Le Eurobbligazioni assumono nomi diversi a seconda della valuta in cui sono emesse. Ad esempio un'obbligazione emessa in yen è un'Euroyen, mentre se è emesse in dollari è chiamata un'obbligazione in Eurodollari.

cento delle operazioni valutarie mondiali e il 55 per cento di tutte le offerte pubbliche iniziali internazionali[35].

A proposito di banche, in particolare sul segreto bancario, la Gran Bretagna ed in particolare la City, hanno sul medesimo un approccio diverso da quello, ad esempio, della Svizzera, dove la sua violazione è considerata un reato e si serve di altri meccanismi, come l'agevolazione della creazione dei citati *"trust"* di imprese ed aziende, nei quali è praticamente impossibile sapere i nomi dei veri proprietari.

Secondo un'indagine di Wallstreetitalia.com[36] del 9 novembre 2012: *"HBSC: più di 4.000 conti nei paradisi fiscali. Protetti diversi criminali"*, vi sarebbero circa 4.000 conti correnti Hbsc[37], di persone operanti in Gran Bretagna, dei quali più della metà residenti in Regno Unito, accesi nel paradiso fiscale di Jersey; conti correnti che sarebbero riconducibili a noti criminali, trafficanti di armi e di droga, le cui fortune sono

---

[35] Bortolotti Mirko, (2011), Professione offshore. Tutto quello che devi sapere per fare Business Offshore, Photocity editore, Napoli
[36] www.wallstreetitalia.com
[37] HSBC Holdings plc è uno dei più grandi gruppi bancari del mondo (Forbes Global 2000). È il primo istituto di credito europeo per capitalizzazione con 157,2 miliardi di euro. La sua sede si trova nella HSBC Tower nei Docklands di Londra. In termini di asset la banca è la seconda azienda globale. I suoi ricavi sono per l'ottanta per cento esterni al Regno Unito (circa il 22% dei suoi guadagni proviene da operazioni ad Hong Kong, dove si trovava la sede fino al 1991).

state praticamente tutelate e messe al riparo, nonché riciclate, da "Hbsc", prima banca del Regno Unito.

Le indagini al riguardo sono ancora in corso da parte dell'*HM Revenue and Custom* (il Dipartimento del Fisco e delle Dogane del Regno Unito); soprattutto l'ente investigativo sta cercando di fare piena luce sui nominativi dei 4.000 correntisti (non senza difficoltà), sulle loro correlazioni con la criminalità organizzata e, soprattutto sta cercando di stabilire come e quando vi sia stata la compiacenza della prima banca britannica in tutto ciò.

CAPITOLO VI
City di Londra: la madre di tutti i paradisi

New York, la "grande mela" ed in particolare Manhattan con *"Wall street"*, ha un peso maggiore in settori quali la cartolarizzazione, le assicurazioni, le operazioni di fusione, di acquisizione e la gestione patrimoniale, ma gran parte di queste attività è limitata al mercato interno statunitense, il che fa della City di Londra il più grande polo finanziario internazionale (e *offshore*) del mondo.

Il fatto curioso è che proprio mentre la Gran Bretagna perdeva le sue ex colonie ed il suo impero, cresceva l'importanza mondiale della City di Londra, al punto che alcuni economisti sostengono che l'impero britannico ha, di fatto, "simulato" la propria fine ma in realtà, esso continua attraverso lo strapotere finanziario delle sue strutture *offshore*.

La City di Londra è un paradiso fiscale che attrae notevoli flussi bancari, infatti, circa la metà della somma mondiale dei prestiti bancari e dei depositi internazionali presso istituzioni finanziarie si trova nei paradisi fiscali: il quaranta per cento di questi flussi convergono su Londra e sono protetti, come in ogni paradiso fiscale, dal segreto bancario e da una tassazione quasi inesistente[38].

E' impossibile, sulla base delle informazioni di cui la City ne permette la divulgazione, valutare quali transazioni sono spiegabili grazie ai vantaggi "paradisiaci" della City e quali no.

Il quartiere finanziario della capitale britannica, è un vero e proprio principato *offshore* nel cuore del Regno di Sua Maestà la Regina d'Inghilterra ed il Governo britannico sembra molto più occupato a dirigere ed a difendere tale principato *offshore*, piuttosto che a combatterlo e a debellarlo, infatti raramente coopera con la giustizia internazionale e non ha mai dato alcun seguito concreto ai suoi impegni in materia di autoregolamentazione su scala internazionale.

---

[38] Deneault Alain, (2011), Offshore. Paradisi fiscali e sovranità criminale, Ombre corte, Verona, pag. 88 e s..

Londra incarna quella profonda ibridazione che oggi collega la finanza lecita a quella criminale, tanto che sono sempre più difficili da distinguere e lo stesso uso di queste due termini (lecito e criminale) non ha più alcun senso.

La City di Londra è diventata il centro finanziario più importante al mondo grazie a diversi fattori geo-politici, come la sua posizione geografica, a metà strada fra Stati Uniti ed Asia, grazie alla lingua inglese ormai utilizzata ovunque e da chiunque (a comprova di ciò, a livello globale l'uso della lingua inglese nel linguaggio tecnico tributario, economico e finanziario, è largamente utilizzato).

Inoltre nella City è possibile "fare ciò che in altri Paesi è vietato", grazie al suo storico permissivismo fiscale e grazie alla segretezza sulle operazioni bancarie: tutti questi elementi fanno della City un'attrattiva irresistibile per i detentori di capitali e per le società straniere che vogliono avere la loro base operativa in Europa.

Non bisogna, poi, dimenticare che non stiamo parlando di un paradiso fiscale sperduto e dislocato in un atollo corallino dell'Oceano pacifico, a migliaia di chilometri di distanza dal mondo occidentale, amministrato da forme politiche instabili e dubbie, bensì di un paradiso fiscale insito in uno Stato fra i più industrializzati al mondo, membro dell'Unione Europea, situato in una zona nevralgica del vecchio continente, dotato di servizi, vie di comunicazione e infrastrutture di prim'ordine, gestito da un'amministrazione statale che da molti Paesi è stata presa come esempio di perfetta funzionalità e governato ed amministrato da statisti che da sempre assicurano la necessaria stabilità.

La City di Londra, nel corso degli ultimi decenni ha, in successione, attratto i capitali dei ricchi finanzieri statunitensi nel dopoguerra, poi dei finanzieri arabi e magnati del petrolio negli anni settanta e ottanta, poi dei petrolieri africani negli anni novanta, mentre attualmente è diventata un polo d'attrazione irresistibile per i nuovi ricchi cinesi e russi, tramite il *"conduit tax haven"* di Cipro[39], offrendo ad essi un rifugio al riparo dalle autorità del loro paese.

Già nell'aprile 2008 cento società della "CSI[40]" erano quotate nella borsa di Londra e producevano un giro di transazioni finanziare pari a 950 miliardi di dollari. Attualmente all'incirca 300.000 russi vivono a Londra, alcuni dei quali sono proprietari di club calcistici, come ad esempio il magnate Roman Abramovic del "Chelsea Football Club" o

---

[39] Spesso ed anche di recente, i mari adiacenti le coste dell'Isola di Cipro sono stati solcati, anche in tempo di pace, da navi della flotta russa: trattasi di manovre prettamente militari e/o strategiche oppure si è trattato di una "pacifica" difesa armata dei conti correnti accesi dai ricchi russi nelle banche dell'isola?

[40] CSI è acronimo della Comunità degli Stati Indipendenti dell'ex Unione Sovietica.

come Alexander Lebedev proprietario addirittura del famoso quotidiano "The independent".

La portata di questa "invasione" russa ha fatto si che nel febbraio del 2010, Alexander Zvyagintsev, vice procuratore generale russo, definì Londra, "Londongrad" e la definì, altresì, la più grande "lavanderia" del mondo per il riciclaggio del denaro di provenienza criminale, in particolare proveniente dalla mafia russa ma non soltanto.

Inoltre, il procuratore distrettuale di Manhattan, Robert Morgenthau comminò una sanzione da 350 milioni di dollari alla banca britannica "Lloyds TSB" perché, rimuovendo abitualmente gli elementi identificativi dei pagamenti, aveva incanalato segretamente capitali iraniani nel sistema bancario americano.

Come sostenuto[41] dagli storici P.J. Cain e A.G. Hopkins "mentre i detriti della decostruzione coloniale finivano fuoribordo, i gentiluomini della City avevano già cambiato rotta e si dirigevano verso nuovi orizzonti, dove si profilavano opportunità globali, oltre i confini dello Stato nazionale e dell'impero".

---

[41] Shaxson Nicholas, (2012), Le isole del tesoro. Viaggio nei paradisi fiscali dove è nascosto il tesoro della globalizzazione, Feltrinelli editore, Milano, pag. 276

Per quanto concerne, nello specifico, l'elusione (o l'evasione) fiscale, una particolare e caratterizzante "attrattiva" *offshore* della City di Londra è costituita dalla cd. "regola del domicilio" (*"resident but not domiciliated"*).

Il concetto di domicilio fu elaborato originariamente per consentire di identificare i coloni che vivevano nelle diverse regioni dell'impero britannico: un amministratore coloniale inglese in India, risultava ad esempio residente in India ma domiciliato in Inghilterra.

La sede "naturale", il domicilio, dei coloni inglesi era quindi l'Inghilterra e questi erano assoggettati alla legislazione britannica, mentre ad esempio un indiano a Londra restava domiciliato in India e non diventava mai pienamente britannico.

Nel 1914 la legislazione tributaria inglese venne modificata per consentire alle persone residenti ma non domiciliate in Inghilterra di non pagare le imposte sui redditi percepiti a livello mondiale e di non essere tassate solo sui redditi percepiti in Gran Bretagna: così, una norma originariamente introdotta per discriminare contro gli stranieri, oggi discrimina contro i comuni residenti britannici.

In definitiva la legge tributaria britannica, con il concetto del "residente ma non domiciliato" stabilisce che il reddito prodotto dal soggetto soltanto residente ma non domiciliato non è imponibile in Gran Bretagna perché non è domiciliato, ma ciò provoca un escamotage che rischia di non vedere assoggettati ad imposte i redditi del soggetto neanche nel paese di domicilio, in assenza di provati, concreti e certificati legami del soggetto con il paese di domicilio.

Questa è essenzialmente la situazione al giorno d'oggi: un finanziere, un miliardario residente, ma non domiciliato in Inghilterra, può fare in modo che tutto il suo reddito venga registrato contabilmente fuori dalla Gran Bretagna e non pagare nessuna imposta: attualmente nel Regno Unito risultano residenti ma non domiciliati circa 60.000 miliardari.

Un caso eclatante in proposito fu quello, nell'anno 2008, di un noto campione italiano di motociclismo che pur essendo residente a Londra, aveva mantenuto il domicilio nella sua città di nascita; in questo modo, grazie all'escamotage del "residente ma non domiciliato", non pagava le tasse né in Gran Bretagna né in Italia.

A proposito del caso del pilota, che risolse poi il problema con il Fisco italiano grazie all'accertamento con adesione, è noto che uno dei requisiti necessari al fisco per contestare ad un soggetto che risiede all'estero l'imposizione italiana, è l'accertamento dell'esistenza di legami concreti con l'Italia.

Infatti soltanto dopo che l'Agenzia delle Entrate accertò che il pilota italiano aveva spostato fittiziamente la sua residenza in Gran Bretagna, mantenendo con il nostro paese legami solidissimi e vivendo proprio qui per la maggior parte del tempo, gli contesto un'evasione fiscale elevatissima.

Nel caso in specie gli elementi che portarono gli investigatori del fisco a scoprire l'escamotage del pilota furono una linea "ADSL" che collegava la sua abitazione alla rete, il suo yacht ormeggiato a livello continuativo in un porto situato a 10 chilometri dalla sua abitazione, nonché la proprietà (anche da parte di società riconducibili al pilota) di numerose autovetture e motocicli immatricolati alla motorizzazione civile italiana.

L'elenco dei miliardari italiani (soprattutto manager, sportivi e cantanti) che fittiziamente hanno spostato la propria residenza in Gran Bretagna sfruttando l'escamotage del "residente non domiciliato" è noto, data l'ampia eco data al fenomeno, negli ultimi anni, a livello di mass media.

CAPITOLO VII
City di Londra: la tela del ragno

Torniamo alla City di Londra, il cui ruolo principale nel sistema *offshore* mondiale è riconducibile alla sua "ambigua" relazione con la "ragnatela britannica" che offre alla City tre "servizi" determinanti e importantissimi per l'esistenza stessa del *City-offshore*:

➢ altissima attrazione di capitali stranieri,

> un "rodato" e solido meccanismo di deposito per le attività finanziarie
> un sicuro filtro per il riciclaggio del denaro "sporco".

Esaminiamo dettagliatamente com'è strutturato il più grande ed importante centro *offshore* europeo, se non mondiale di cui stiamo trattando.

Tale centro *offshore*, che comprende circa la metà delle giurisdizioni segrete mondiali, è costituito da un assortimento stratificato di paradisi fiscali, organizzato come un sistema che ruota attorno, appunto, alla City di Londra.

Non è un caso che Londra, un tempo capitale del più grande impero coloniale che il mondo abbia mai conosciuto, sia oggi il centro più importante della rete *offshore* mondiale.

La sua rete è formata da tre stratificazioni essenziali:

1. un primo anello interno costituito dalle dipendenze della Corona britannica, vale a dire Jersey, Guernsey e dalla citata isola di Man.

La dipendenza di questi territori dalla Corona britannica, come abbiamo visto nei paragrafi precedenti, è diretta, ma allo stesso modo, essi mantengono quell'indipendenza sufficiente (e necessaria) per consentire alla Corona britannica di non essere direttamente coinvolta quando altri paesi od organizzazioni internazionali le muovono rimproveri a causa, proprio, dei comportamenti poco chiari di questi paradisi fiscali.

    2. un secondo anello interno costituito dai quattordici territori d'oltremare britannici, come ad esempio le isole Cayman.

Si tratta, in questo caso, di un'area geografica costituita dagli ultimi avamposti dell'ex impero britannico e comprendono alcune delle maggiori giurisdizioni segrete di tutto il mondo, come ad esempio, oltre alle Isole Cayman, le Bermuda, le Isole Vergini britanniche, le Isole Turks e Caicos[42] e Gibilterra.

Entrambi gli anelli interni sono controllati sostanzialmente dalla Gran Bretagna e si caratterizzano per la loro peculiarità nell'avere sistemi finanziari futuristici abbinati a sistemi politici antiquati se non addirittura, medievali.

    3. Il terzo anello esterno, invece, comprende una compagine eterogenea di paradisi fiscali che non sono direttamente controllati dalla Gran Bretagna, come Hong Kong, ma che hanno fortissimi legami con il Regno Unito e con la City di Londra.

Del terzo anello fanno parte, oltre ad Hong Kong, Singapore, le Bahamas, Dubai e l'Irlanda che pur essendo, tutti, Paesi

---

[42] Turks e Caicos è un arcipelago corallino dell'oceano Atlantico, più precisamente nei Caraibi, ed è una dipendenza d'oltremare del Regno Unito. È formato dalle isole Turk (Grand Turk e Salt Cay) e dalle isole Caicos (arcipelago comprendente ventotto tra isole e atolli).

formalmente e pienamente indipendenti, mantengono profondi legami con la City di Londra.

Sempre del terzo anello fanno anche parte alcune giurisdizioni segrete minori, come Vanuatu nel Pacifico Meridionale (generalmente utilizzato dai miliardari australiani), il cui piccolo centro *offshore* fu creato dal Governo britannico nel 1971, nove anni prima che l'isola ottenesse l'indipendenza.

Un discorso a parte meritano gli altri territori del "Commonwealth britannico" come le ex colonie britanniche in Africa, l'India, l'Australia, la Nuova Zelanda, il Canada, gli Stati Uniti etc. che sono realmente indipendenti ma, tuttavia, mantengono "canali" privilegiati con la "madre" Gran Bretagna, in particolar modo con la City di Londra, che ha sempre mantenuto un ampio controllo ed un profondo coinvolgimento nei vasti flussi finanziari illegali, in entrata ed in uscita, provenienti da questi Paesi (soprattutto in relazione alle ex colonie africane ed all'India).

Tornando al sistema ad anelli della City di Londra, le funzioni svolte da questa rete di anelli interni ed esterni che vanno a formare un vero e proprio sistema o "network" satellitare, sono molteplici, anche se principalmente possono essere identificati in tre funzioni essenziali.

In primis, come accennato, tale sistema assicura alla City di Londra un raggio d'azione globale perché i paradisi britannici, disseminati ovunque nel mondo, dapprima attraggono e catturano i capitali internazionali in transito comportandosi come una ragnatela con gli insetti di passaggio e, successivamente convogliano questi capitali (o la gran parte di essi) verso Londra.

Inoltre tale "ragnatela" o "network" permette alla City (come se si trattasse di un deposito temporaneo) di effettuare operazioni che potrebbero essere proibite in Gran Bretagna, assicurando ai finanzieri londinesi la distanza necessaria da transazioni poco chiare e, quindi, in definitiva, la "non punibilità".

L'anello più esterno del sistema, è quello nel quale si svolgono le operazioni più "malfamate", più "sporche" rispetto agli anelli interni; il terzo anello è quello più pericoloso, quello del riciclaggio.

Il sistema ad anelli (o ragnatela) permette, in definitiva, sia una rete di riciclaggio del denaro che consente ai capitali che arrivano a Londra, spesso attraverso giurisdizioni segrete, di arrivarvi già perfettamente "ripuliti", nonché funge da deposito dei fondi *offshore* perchè se tutti i fondi *offshore* si riversassero contemporaneamente e direttamente nella City, gli afflussi di capitale, data la loro enorme grandezza, arriverebbero, persino a destabilizzare il tasso di cambio della sterlina[43].

La ragnatela così concepita permette alla City di Londra di gestire l'ibridazione fra denaro "sporco", proveniente da attività criminali e di altra natura, e denaro "pulito", pur restando ad una distanza sufficiente da non essere direttamente coinvolta in eventuali controlli e/o indagini e/o approfondimenti e/o scandali.

CAPITOLO VIII
City di Londra: le critiche, la politica britannica ed il rapporto con l'Unione europea

La *City of London* Corporation è, alla stregua di un paradiso fiscale immaginario, situato su un'isola del mar dei caraibi, un'isola *offshore* che galleggia, parzialmente libera dal controllo del popolo britannico e del suo sistema democratico e la sua rete internazionale *offshore*, è un meccanismo per raccogliere e realizzare profitti dai capitali finanziari di tutto il mondo, anche i più sporchi: questo è un sistema che arreca un pregiudizio non solo al popolo britannico, ma a tutto il mondo.

---

[43] Shaxson Nicholas, (2012), Le isole del tesoro. Viaggio nei paradisi fiscali dove è nascosto il tesoro della globalizzazione, Feltrinelli editore, Milano, pag. 24

Occorrerebbe abolire la City ed incorporarla in una Londra unificata e pienamente democratica, così come occorrerebbe smantellare la ragnatela che la City gestisce, ma la Gran Bretagna appare troppo remissiva nei confronti del "miglio quadrato" e della sua rete *offshore* per riuscirvi da sola senza aiuti dall'esterno e dalla comunità internazionale.

I Paesi in via di sviluppo, in particolare, dovrebbero rendersi conto che il sistema messo in piedi dalla City è una sorta di sistema economico imperiale, in cui sono profondamente coinvolte le loro stesse élite.

Queste considerazioni, stridono, però, nettamente, con il comportamento dei politici britannici, in particolare dell'attuale Capo del Governo Britannico, David Cameron[44].

Da sempre, cioè [45]da quando, negli anni cinquanta e sessanta, la City inizia la sua prepotente ascesa al vertice della finanza mondiale, in particolar modo, agli inizi, grazie al legame della Gran Bretagna con gli Stati Uniti, l'altra potenza di madre lingua inglese uscita vincitrice del secondo conflitto bellico, sviluppando in maniera assolutamente poco chiara e poco trasparente il mercato degli eurodollari[46], la City è difesa

---

[44] David William Donald Cameron (Londra, 9 ottobre 1966) è un politico britannico, primo ministro del Regno Unito dall'11 maggio 2010.
[45] Deneault Alain, (2011), Offshore. Paradisi fiscali e sovranità criminale, Ombre corte, Verona, pag. 31
[46] Sono definite "eurodollari" le disponibilità in dollari depositate nelle

strenuamente, a livello politico, dai britannici, dall'uomo della strada per finire con chi tiene le redini delle istituzioni politiche dei quello Stato.

La comunità internazionale che conosceva il *tax haven* della City di Londra facendo "orecchie da mercante", pensò che con l'ingresso nell'Unione Europea della Gran Bretagna le cose potessero cambiare: il peso economico e politico dell'Unione, così come il fatto, finalmente, di far parte di una grande Comunità di Paesi, si pensava potesse porre un argine allo strapotere finanziario (e all'immunità legale) del "Miglio quadrato", ma così non è stato, anzi, il "giro d'affari" dell'impero offshore britannico è addirittura aumentato.

Il rifiuto da parte della Gran Bretagna di entrare nell'area euro-moneta avrebbe dovuto instillare nella comunità internazionale il sospetto che comunque la Gran Bretagna avrebbe comunque continuato a fare ciò che desiderava, cioè rimpinguare le proprie casse di denaro.

---

banche situate al di fuori degli Stati Uniti. La loro origine risale agli anni '50 quando i sovietici, temendo un congelamento dei fondi detenuti negli Stati Uniti, trasferirono i propri dollari presso la filiale della Banca dell'Unione Sovietica. Il mercato degli eurodollari rappresenta un segmento importantissimo del mercato internazionale dei capitali. Si noti, poi, che il prefisso Euro non indica assolutamente in Europa, poiché si considerano come facenti parte dell'Euromercato tutte le filiali delle banche americane che operano all'estero.

Nel vertice europeo di Bruxelles del 10 dicembre 2011, il vertice del famoso rifiuto di Sarkozy[47] di stringere la mano a Cameron, per intenderci, Cameron, rischiando la rottura con l'Unione Europea, pose quattro condizioni in difesa della City di Londra:
- che ogni trasferimento di potere da un regolatore nazionale a uno dell'Unione fosse sottoposto al diritto di veto;
- che le banche affrontassero processi di ricapitalizzazione più consistenti di quelli annunciati;
- che l'autorità bancaria europea rimanesse a Londra;
- e sopratutto che la Banca Centrale Europea non si intromettesse sulle transazioni finanziarie.

La replica fu gelida: "proposte irricevibili".

Cameron, affidandosi ad un istinto antieuropeista che aveva sempre negato, fece quello che fino a quel momento nessun altro premier britannico aveva mai fatto: pose il diritto di veto sul nuovo accordo fiscale, restando, di fatto, solo.

Temendo seriamente di restare emarginato dagli altri leaders europei, Cameron si presentò, poi, in conferenza stampa dichiarando: "non entreremo mai nell'euro e non

---

[47] Nicolas Sarcozy è stato Presidente della Francia dal 2007 al 2012.

rinunceremo mai alla nostra indipendenza. Però vogliamo un'Europa stabile".

Tali dichiarazioni ottennero il plauso (ovviamente) della finanza londinese: Stuart Fraizer, *Policy Chairman* della City of London Corporation, si è congratulò con il Primo Ministro britannico, dichiarando a sua volta che il successo dei servizi finanziari basati in Gran Bretagna è strutturale al successo dell'Europa.

Per comprendere l'intransigenza degli inquilini di "*Downing Street*", in ordine temporale, appunto David Cameron, è necessario partire da un cifra: la City londinese produce l'equivalente del 10 per cento del prodotto interno lordo britannico.

Le conseguenze economiche nel caso fosse tolto alla Gran Bretagna questa percentuale sono facilmente immaginabili, come sono facilmente intuibili anche le inevitabili riverberazioni politiche, sociali e finanziarie: in pratica sarebbe a rischio l'intero sistema economico e finanziario mondiale.

La City londinese, come abbiamo detto, vera mecca della finanza europea dove si può agire e lucrare in un clima particolarmente favorevole (sgravi fiscali, pochissimo controllo sulle operazioni, trading ad alta frequenza a livelli *monstre*, possibilità di aprirsi un'azienda online con pochi "click", ancor meno capitale e burocrazia pressoché inesistente, secondo Cameron non può essere ingabbiata: pena, una contrazione dell'attività del cuore pulsante dell'economia britannica.

Vi sono altri dati poi che inducono ad una riflessione profonda: i ricavi finanziari della City di Londra che derivano da operazioni svolte all'estero sono di poco inferiori a quelle dell'intero export nazionale complessivo britannico.

La Gran Bretagna non è certo una potenza esportatrice, non lo è mai stata, ma il confronto rende l'idea: Londra forse non è propriamente un paradiso fiscale (almeno sulla carta), ma è un porto pregno di possibilità marcatamente "sregolate", dove gli investitori di mezzo mondo amano convogliare i loro fondi ed i loro investimenti, evidentemente perché hanno convenienza a farlo.

Quindi Cameron, o meglio, le lobby e i finanzieri (e i parlamentari inglesi), non vogliono alcuna "museruola", anzi, non vogliono neanche iniziare alcun discorso inerente la City di Londra, con gli interlocutori internazionali.

I politici britannici, pur di difendere la City di Londra spesso hanno affermato che essa, viste le cifre finanziarie che gestisce, ha il ruolo di promuovere l'efficienza nei mercati finanziari, ma il manto di segretezza e di "opacità" della City (caratteristiche peculiari di tutti i paradisi fiscali) contraddice direttamente i concetti liberali dell'idea del mercato efficiente che richiede: trasparenza e chiarezza.

Un'altra tesi sostenuta dal Governo britannico a difesa della sua roccaforte finanziaria è quella che, sempre alla luce delle immense cifre di denaro sapientemente gestite dalla City, saper gestire l'offerta di moneta contrasterebbe l'inflazione e la disoccupazione e su questo siamo d'accordo, ma da quando a gestire l'offerta di moneta sono chiamate le banche e le società finanziarie, spesso private, della City? Non dovrebbero essere i Governi a gestire l'offerta di moneta? Allora si che questo ragionamento avrebbe senso, in caso contrario, la gestione di moneta da parte di élite private, non governative, potrebbe, al contrario creare inflazione, disoccupazione ed anche fenomeni di usura, corruzione e di disturbo dei mercati (come in realtà ed in effetti, avviene).

Fare, comunque, la guerra alla *City of London Corporation* è un'impresa altamente azzardata che sicuramente porterebbe a risultati nefasti per qualsiasi uomo politico britannico: basti pensare che tra i premier britannici, molti sono caduti proprio per contrasti con il cuore finanziario di Londra.

Secondo un articolo del giornalista Filippo Ghira apparsa sul quotidiano "Rinascita" del 3 dicembre 2012 addirittura la City di Londra sarebbe la causa principale della debolezza dell'Unione Europea.

Secondo tale articolo, infatti, oggi, più del 70 per cento delle transazioni finanziarie di titoli in euro viene gestito dalla piazza di Londra e questo, secondo il giornalista, non avrebbe alcun senso sia per l'estraneità del Regno Unito all'Unione Europea sia perché gli inglesi hanno, volutamente, mantenuto la propria moneta di corso legale, la sterlina.

Anche il governatore della Banca di Francia, Christian Noyer, in un'intervista rilasciata al *"Financial Times"*, cioè l'organo ufficiale della City od London Corporation, ha dichiarato di non vedere nessuna logica nel fatto che Londra sia il maggior centro finanziario attivo nell'area euro e che essa fornisca servizi all'intera Unione Europea: secondo Noyer, infatti, il fulcro degli affari in euro dovrebbe, in via naturale, svolgersi all'interno dell'area euro.

Secondo il giornalista Ghira, inoltre, è altrettanto assurda la presenza nell'Unione Europea della Gran Bretagna che, di fatto, continua a stare con un piede dentro ed un altro fuori dalla Comunità.

La Gran Bretagna, infatti, è un Paese che non intende, a qualsiasi costo, rinunciare alla sterlina e che rimane così all'interno della Comunità soltanto per destabilizzare l'Unione Europea e impedirne il regolare funzionamento e, soprattutto, per impedire che l'euro possa divenire la moneta alternativa al dollaro come mezzo di riferimento nelle transazioni internazionali.

Il ruolo potenzialmente destabilizzante della gran Bretagna era già stato intuito dal politico francese Charles De Gaulle[48] che infatti pose sempre il veto ad una entrata britannica nella Comunità Economica Europea.

Altri politici (come il francese Jaques Delors[49]) hanno ripreso il ragionamento di Noyer, sostenendo che il ruolo destabilizzante nei riguardi dell'Unione Europea, la Gran Bretagna, ed in particolare la City di Londra, lo eserciti spingendo i nuovi Paesi membri dell'Unione ed i Paesi dell'Est che ancora non ne fanno parte, a creare problemi al funzionamento dei meccanismi comunitari.

Problemi che, secondo Delors, si concretizzerebbero nel fatto che ci sia una Europa dei 27 con soltanto 17 Paesi membri dell'euro ed altri 10 che "vanno per conto loro" trainati da una Gran Bretagna che sembra soltanto voler creare ostacoli (secondo molti, anche il problema dell'Unione europea "a due velocità" sarebbe causato da operazioni destabilizzanti poste in essere dagli inglesi).

---

[48] Charles André Joseph Marie de Gaulle (Lilla, 22/11/1890, Colombey-les-deux-Églises, 9/11/1970): generale e politico francese.
[49] Jacques Lucien Jean Delors (Parigi, 20 luglio 1925) è un politico ed economista francese, noto europeista.

Il discorso di Noyer, ripreso dal giornalista e da Jaques Delors, non sembra del tutto sbagliato perché è evidente che un Paese con un'economia forte come la Gran Bretagna che non fa parte del sistema dell'euro e che, pertanto, tenga prima di tutto al bene della propria moneta, finisca per essere una mina vagante sia per l'euro sia per l'intera Unione Europea.

Il fatto poi che oltre il 70% delle emissioni di titoli in euro avvenga nella City di Londra (che, ricordiamolo, non ha aderito alla moneta unica europea), dimostra ancora di più la debolezza dell'euro e la non lungimiranza dei governi europei.

CAPITOLO IX
Costituzione di società nella City
e sistema fiscale britannico

Costituire una società con sede legale nella City di Londra è estremamente semplice, economico, vantaggioso ed anonimo.

Queste sono le quattro caratteristiche principali che attraggono gli investimenti esteri da un Paese all'altro: in Italia, ad esempio, senza pericolo di smentita, il sistema consta si di altrettante quattro caratteristiche come quello inglese, ma poste esattamente all'opposto: complicato, costoso, non vantaggioso a livello fiscale e trasparente.

Si intuisce, immediatamente, il perché di così tanti investimenti esteri che portano denaro al regno di Sua Maestà la regina d'Inghilterra ed invece, il perché di così pochi verso il nostro Paese.

Per attrarre ancora di più gli investitori esteri verso la gran Bretagna, inoltre, ivi sono dislocate moltissime agenzie specializzate che soprattutto "online" accompagnano virtualmente l'investitore offrendogli sia un amministratore fiduciario anonimo sia, se lo desidera, la dislocazione della sede nella City.

Vediamo brevemente innanzitutto come funziona il sistema fiscale britannico, poi ci addentreremo nelle formalità costitutive.

[50]Il sistema fiscale britannico applica varie imposizioni fiscali su tutti i redditi prodotti nel Regno Unito e sulle entrate di cittadini britannici provenienti dall'estero.

Chiunque sia fisicamente presente in Gran Bretagna per un periodo di sei mesi o più, in qualsivoglia anno fiscale, è considerato, a tutti gli effetti, residente ai fini fiscali.

Qualsiasi forma di reddito da occupazione nel Regno Unito può essere assoggettata al pagamento di imposte, sia nel Regno Unito che nel Paese di provenienza del soggetto, ciò

---

[50] Fonte: Londraweb: informazioni sulle imposte nel Regno Unito, www.londraweb.com

dipende, però da determinate condizioni come ad esempio lunghezza del periodo di tempo trascorso all'estero o dalle circostanze e modalità dell'occupazione lavorativa.

Nel Regno Unito la tassa sul reddito viene percepita sul salario e sulle gratifiche e su altre forme di entrate come profitti, affitti, dividendi, rendite e pensioni ed anche dall'utilizzo di autovetture, assicurazioni per malattia o sulla vita a carico del datore di lavoro.

A seconda delle indennità, la tassa sul reddito è nell'ordine di aliquote del 20, 25 e 40 per cento ed in generale, se si risiede nel Regno Unito, l'amministrazione fiscale britannica preleva le imposte sul reddito e sulle plusvalenze di capitale a livello mondiale (cd sistema della "*worldwide taxation*").

Per evitare la doppia imposizione fiscale, tutti i Paesi membri dell'Unione Europea hanno stipulato convenzioni di diritto tributario internazionale per evitare che lo stesso reddito si assoggettato ad imposizione due volte in due differenti Paesi.

Per quanto concerne la tassazione per fasce di reddito, essa è in Gran Bretagna[51] notevolmente più bassa che in Italia,

---

[51] I dati in possesso sono aggiornati all'anno 2009.

infatti nello Stato inglese vengono considerate tre fasce di reddito con altrettante aliquote:

- da £ 0 a £ 2.230 (euro 2.577,70): imposta al 10 percento;
- da £ 2.231 a £ 34.600 (euro 39.976,89): imposta al 22 per cento;
- oltre £ 34.600 (euro 39.976,89): imposta al 40 per cento.

Esiste poi un'ulteriore fascia di reddito oltre i 150.000 euro (£ 129.825) per la quale è prevista una tassazione del 50 per cento.

Nel nostro Paese, per fare un raffronto, oltre ad un sistema fiscale, come detto, altamente complesso (*melius* complicato) e di difficilissima interpretazione per chiunque, vi sono più scaglioni di reddito e le imposte sono sensibilmente più elevate.

Di seguito si riportano le tassazioni per fasce di reddito vigenti nel nostro Paese:

- da euro 0 ad euro 15.000: imposta al 23 per cento;
- da euro 15.001 ad euro 28.000: imposta al 27 per cento;
- da euro 28.001 ad euro 55.000: imposta al 38 per cento;
- da euro 55.001 ad euro 75.000: imposta al 41 per cento;
- oltre 75.000 euro: imposta al 43 per cento.

Il sistema di tassazione britannico per fasce appare, già a prima vista, molto più equilibrato, oltre che più sostenibile e, in definitiva, molto più giusto perché l'imposta diventa più elevata (sempre restando al di sotto delle soglie di quelle italiane) in modo sensibile, soltanto per i redditi davvero più "sostanziosi".

Inoltre il sistema britannico prevede degli aumenti dell'aliquota della tassazione a seconda dell'età e dallo stato civile del contribuente, concetti sconosciuti al Fisco italiano.

In Gran Bretagna sono previste le tasse di successione ereditaria e su alcuni trasferimenti tra vivi ma soltanto nel caso si superino importi elevati.

In Gran Bretagna non sono previste imposte patrimoniali, sono previste per taluni atti le imposte di bollo (irrisorie rispetto a quelle italiane) e non sono previsti imposte locali sui redditi; a livello locale è prevista la tassazione dell'abitazione del contribuente se la stessa è abitata da un minimo di due persone adulte; nel caso di un solo contribuente che viva in un'abitazione singolarmente, egli ha diritto ad una riduzione dell'imposta.

Nel Regno Unito il reddito imponibile è calcolato su base annuale e l'esercizio fiscale, a differenza del nostro che coincide solitamente con l'anno solare, va dal 6 aprile al 5 aprile dell'anno successivo.

Altro concetto molto importante è che il contribuente britannico ha diritto all'assistenza fiscale gratuita da parte dell'amministrazione fiscale statale, quindi esercitare la professione di commercialista tributario in Gran Bretagna non è remunerativo come, invece, è nel nostro Paese, dove un regime fiscale molto complicato e, talvolta, anche di difficile interpretazione, costringe il contribuente ed anzi, anche il dipendente, a servirsi di professionisti del settore o di uffici (CAF), a pagamento.

Come detto, nel Regno Unito le imposte fiscali sono fra le più basse d'Europa e si può costituire una Società, in particolar modo nella City di Londra, in modo semplice e rapido allo stesso modo in cui è agevole aprire conti correnti bancari ed ottenere finanziamenti, sia in euro che in altre valute, presso le più grandi banche di fama mondiale con sede a Londra e più in generale, in Gran Bretagna.

La Gran Bretagna offre, quindi, all'imprenditore diverse agevolazioni fiscali, cioè tasse più basse (e di più semplice lettura ed interpretazione) rispetto ad altri paesi Europei o addirittura, talvolta, inesistenti.

Infatti in Gran Bretagna non vi sono costi per l'iscrizioni della società a registri per l'esercizio del commercio od a camere di commercio etc., così come non vi sono tasse comunali per l'esercizio commerciale, costi di concessione e spese di iscrizione ad albi professionali e così via.

Anche quando l'attività commerciale non produce reddito o è ferma per cause di forza maggiore (ad esempio per malattia del titolare) le spese di mantenimento societario sono minime.

Una società londinese può svolgere immediatamente, subito dopo l'iscrizione e la costituzione, qualsiasi attività commerciale anche sul mercato internazionale.

I requisiti minimi richiesti per la costituzione di una società londinese sono davvero minimi: infatti vi è soltanto l'obbligo della presenza di almeno un amministratore ed un segretario; i proprietari della società sono gli azionisti ed eleggono l'amministratore incaricandolo di svolgere gli affari sociali e concludere i contratti.

E' possibile aumentare il grado di garanzia dell'anonimità richiedendo la nomina del direttore e di azionisti di fiducia; l'anonimato non limita la possibilità da parte dei beneficiari o dei proprietari di controllare la società e di compiere movimentazioni bancarie.

Le spese annuali di mantenimento societario includono: un ufficio di legale rappresentanza, una *company secretary*, il telefono, il fax, l'e-mail ed un consulente per la preparazione dell'*Annual Return*[52] e del bilancio finanziario.

---

[52] Annual return = aggiornamento annuale: L'Annual Return (da non confondere con il bilancio d'esercizio, "Annual Accounts") è la lista delle informazioni sulla società che va mantenuta aggiornata e presentata ogni anno alla Companies House. L'Annual Return deve contenere i dettagli del Direttore della società, del Company Secretary e degli azionisti/soci della

Per la costituzione di una società londinese occorrono soltanto poche ore così come per l'approvazione di un nuovo nome societario, mentre occorrono circa tre giorni lavorativi per la registrazione della società stessa ad opera dell'Ente Pubblico britannico in una sorta di registro delle imprese.

Il bilancio, in Gran Bretagna è obbligatorio soltanto per le imprese e le società con un volume d'affari minimo di 350.000 sterline ed in questo caso il bilancio è presentato all'Agenzia delle Entrate britanniche.

In Gran Bretagna è molto in uso l'utilizzo di amministratori che agiscono per conto dei beneficiari (in Italia, tali soggetti solitamente sono definiti."teste di legno"); questo consente un alto grado di anonimato ed addirittura vi sono diverse agenzie commerciali che forniscono, loro stesse, a richiesta, degli amministratori fiduciari a livello completamente legale.

Soltanto i nomi degli azionisti fiduciari appariranno, infatti, sui registri pubblici conservati presso la *Company House* (il registro delle imprese) sede della società, peccato che gli azionisti fiduciari, cioè gli unici non anonimi non abbiano né

---

società, e anche i dettagli riguardanti il settore business della società, l'anno fiscale della società e altre informazioni simili. Una tassa amministrativa va pagata quando si presenta l'annual return – questa tassa è inclusa nel pacchetto corporativo base.

poteri esecutivi e né il potere di firma sui conti correnti bancari societari.

La partita Iva, ("*Vat[53] Number: Value Added Tax Number*") può essere richiesta alla dogana inglese (*Customs and Excise*) e non è obbligatoria per aziende con un volume d'affari inferiore alle 55.000 sterline per anno; la dichiarazione "Vat" deve essere presentata a scadenze trimestrali

Una società che svolge attività in modo continuativo deve presentare la dichiarazione sui redditi (*Corporation / Company Tax Return*) all' Ufficio delle Entrate (*Inland Revenue*) per la prima volta fino ad una scadenza di 22 mesi dopo la costituzione della società, ad ogni dichiarazione dei redditi presentata all'agenzia delle entrate, è obbligatorio, altresì, presentare al registro delle imprese una forma abbreviata di tale dichiarazione dei redditi.

Le agenzie di servizi commerciali britannici offrono direttamente a coloro i quali desiderano costituire una società nel Regno Unito la possibilità di localizzare la sede legale (in Inghilterra è detta "sede legale di rappresentanza") a Londra, nella City.

Particolare da non sottovalutare, per sede legale di rappresentanza nella City di Londra non si intende una

---

[53] Vat è l'acronimo inglese e l'equivalente dell'Iva, l'imposta sul valore aggiunto.

struttura commerciale "fisica" distinta in uffici, con impiegati etc., per l'istituzione di una società londinese basta, infatti, una "mail box", un recapito per ricevere la posta e le comunicazioni o gestita da apposite società di *"mail boxes"* o virtuale (*e-mail*).

Come detto, costituire una società nella City di Londra è estremamente semplice, rapido e conveniente; l'anonimato è assicurato grazie al sistema delle società fiduciarie che attraverso le *"nominee"* permettono di operare per conto di un cliente anonimo (il proprietario effettivo della società); in pratica le agenzie commerciali britanniche, soprattutto attraverso il web offrono amministratori professionisti che opereranno, mettendo la loro "faccia" al posto di quella dell'effettivo proprietario (che resterà anonimo) della società.

Nonostante gli autorevoli dinieghi, circa l'appartenenza o meno della City di Londra al sistema *offshore*, tutto, invece, la fa convergere proprio in questo senso, perché se la tassazione è bassa (e in Gran Bretagna lo è), è conveniente per gli investitori esteri (idem), lo scambio di informazioni tra la City ed il resto degli altri paesi è praticamente nullo (idem), l'anonimato è garantito (idem) e se, in ultima analisi, la struttura finanziaria della City è sovradimensionata rispetto alla City stessa, allora è chiaro che non siamo altro che in presenza di un paradiso fiscale.

La facilità e l'economicità con cui è possibile costituire una società nella *City of London Corporation* poi è davvero incredibile, quasi disarmante; si può costituire una società nel paradiso fiscale della City di Londra comodamente da casa propria, collegandosi ad appositi siti web, fornendo striminzite informazioni e pagando soltanto pochi euro.

Vi sono tantissimi siti online di agenzie specializzate britanniche che, in un perfetto italiano, permettono la costituzione della propria società (che verrà poi amministrata da un amministratore anonimo) e la cosa più sorprendente è che tali siti web sembrano perfettamente legali.

Per citarne alcuni, da questo sito web è addirittura possibile sia costituire una società che aprire direttamente un conto corrente nella City: "www.gpprime.com", mentre semplicemente "cliccando" su questo sito web "www.easyentrepreneur.it" è possibile, da casa propria, costituire una società nella City con sede legale di rappresentanza nella City di Londra al costo di 799 euro.

Si noti poi, come, navigando in questa pagina, oltre a tutte le informazioni necessarie per aprire una società nella City ed operare immediatamente, si trovino anche in avvisi che mettono in guardia dai controlli fiscali, come ad esempio questo: *"Una contabilità mal tenuta o consegnata fuori termine attirerà più facilmente l'attenzione del fisco"*.

CAPITOLO X

Dilemma Tax haven

Se il regno Unito e la City, attraverso il sistema ad anelli e la ragnatela descritta costituiscono un insospettabile paradiso fiscale a tutti gli effetti e nonostante le aspre critiche mosse da varie "voci" comunitarie e statunitensi, anche molti Stati facenti parte dell'Europa e dell'Unione europea ed anche alcuni Stati e territori degli stessi Stati Uniti d'America, dispongono di loro, altrettanto insospettabili, sistemi offshore.

Oltre, infatti, agli storici esempi dei paradisi fiscali della Svizzera (che non però fa parte dell'Unione europea), del Lussemburgo, del Liechtenstein, nell'Unione europea vi sono altri esempi riconducibili ad altri Stati, insospettabili Tax haven.

E' il caso dell'Irlanda, dell'Olanda e di altri Stati in ascesa come Repubblica Ceca, Romania, Lituania. Lettonia ed Estonia, mentre per quanto riguarda gli Stati Uniti d'America, non troppo segreti (ma ancora poco conosciuti) sistemi offshore sono riscontrabili nel Delaware, Nevada e Wyoming.

Addirittura si sono venuti a sovrapporre, in alcuni casi, due sistemi giuridici: quello degli Stati tradizionali ed il loro doppio negativo, quello concepito a misura dei paradisi fiscali per favorire la fuga dei capitali.

Ad esempio, seppur con moltissime differenze formali e sostanziali, la Francia ha il suo doppio negativo nel Principato di Monaco, l'Italia nella Repubblica di San Marino, la Germania nel Liechtenstein, il Regno Unito nella City di Londra e negli altri anelli del suo sistema *offshore* (Isola di Man, Jersey etc.), gli Stati Uniti nello Stato del Delaware ed in "Wall street", L'olanda in Aruba e così via.

In una situazione simile, la finanza diviene padrona del gioco, non dipendendo da nessuno Stato in particolare e l'economia non dipende più dalle politiche dei Governi bensì dalla finanza stessa ed in particolar modo dai capitali speculativi: capitali che trovano il giusto rifugio nei paradisi fiscali che divengono, così, convenienti "punti ciechi" in cui "smaltire" fondi di varia origine e confondere qualsiasi rappresentante delle istituzioni desideroso di indagarne la provenienza.

Ecco perché i paradisi fiscali rappresentano una vera e propria "piaga" globale e mondiale per la giustizia e l'onestà sociale e fiscale di tutti i popoli del mondo.

Dei nuovi paradisi fiscali europei ed americani, ci occuperemo, comunque, in un altro volume. In questa sede ci interessa ribadire il fatto che nel corso degli ultimi anni, come detto, il ricorso all'utilizzo dei paradisi fiscali ed ai sistemi *offshore* è stato un fenomeno in crescita esponenziale e progressiva, favorito dal processo di globalizzazione dell'economia, dall'integrazione dei mercati finanziari e dall'ampia diffusione delle tecnologie informatiche e della rete internet, in grado di spostare e trasferire ovunque i capitali finanziari in certi casi, anche dalla propria abitazione, con una semplicità e facilità disarmante, al di fuori di ogni controllo.

Per questo motivo, per la vastità del fenomeno che ha, ormai, coinvolto anche Paesi dell'Unione Europea e nuove giurisdizioni un tempo insospettabili, il contrasto ai paradisi fiscali ed ai sistemi *offshore* rappresenta un caposaldo delle politiche tributarie dei Paesi più industrializzati, alla ricerca di efficaci misure e soluzioni giuridiche, politiche ed economiche in grado di contemperare, da un lato, la tutela della libertà individuale all'organizzazione d'impresa e, dall'altro, la legittima aspettativa statale alla percezione dell'imposta dovuta per la ricchezza ivi prodotta.

Come è facile intuire, i paradisi fiscali rappresentano un "dilemma" perché se da un lato è legittima la volontà degli Stati di tassare legittimamente chi in effetti produce reddito ed utilizza i sistemi *offshore* come escamotage per eludere (od evadere) il fisco ed è altrettanto legittima la volontà ed il contrasto a pericolosi fenomeni di riciclaggio e di criminalità in genere, dall'altro le grandi potenze mondiali conoscono bene il lato "risorsa" dei paradisi fiscali stessi: risorsa che si traduce essenzialmente nel creare lavoro, ricchezza e benessere per gli Stati e i territori offshore, con ripercussioni benefiche anche per gli altri Paesi.

In definitiva i paradisi fiscali non sono bene accetti dai Paesi più industrializzati per il modo in cui producono ricchezza ma è ben accetta, però, proprio la ricchezza prodotta.

La ricchezza prodotta è quindi "il lato buono" dei paradisi fiscali, ma anch'essa dovrebbe, però, essere quantomeno spartita equamente.

Il problema (oltre al problema dato dai paradisi fiscali), è anche questo, cioè che la ricchezza finanziaria dei paradisi fiscali non è equamente spartita, ma resta a beneficio soltanto degli apici delle piramidi offshore che abbiamo esaminato, esempi fra tutti quelli di Gran Bretagna e Stati Uniti.

Occorrerebbe, quindi, innanzitutto una seria e concreta collaborazione tra Stati ed organizzazioni, nonché un'armonia normativa internazionale perché le società *offshore* sfruttano e colgono proprio queste disarmonie, soprattutto, tributarie, esistenti tra i vari ordinamenti in modo da poter attutire sensibilmente l'onere impositivo, prediligendo giurisdizioni che garantiscono sia imposizioni minori, sia un'estrema *privacy* ai patrimoni allocati nei *tax haven*.

Come detto, però, non bisogna incorrere nell'errore di considerare che ogni delocalizzazione societaria sottenda ineludibilmente tecniche di drenaggio di reddito verso località ove la presenza del Fisco è meno incisiva ed invasiva rispetto al territorio d'origine oppure sottenda al riciclo del denaro sporco.

Alcune delocalizzazioni, infatti, rispondono anche a logiche imprenditoriali legate a minori costi da sostenere per la costituzione e la gestione della struttura d'impresa, maggior efficienza del sistema burocratico del Paese estero e, spesso, si tratta di scelte imprenditoriali legate anche al fattore ambientale ed alla stabilità politica del Paese "ospitante".

In tale ottica, il comportamento imprenditoriale è da considerarsi economicamente conveniente, volto a godere di una posizione di guadagno dovuta non soltanto alla minore imposizione fiscale, quindi legato ad una scelta commerciale legittima e non illecita.

Le reazioni dei paesi più industrializzati nei confronti dei paradisi fiscali sono state tra le più varie, alternandosi tra atteggiamenti di tolleranza, di disinteresse o, talvolta di lotta serrata; ciò in virtù del fatto che alcuni Paesi più industrializzati sono contestualmente anche *tax haven* (ad esempio, come detto, Gran Bretagna, Stati Uniti, Olanda, etc.).

Quindi è comprensibile sia la difficoltà, sia l'imbarazzo da parte dei governi di tali Stati ad affrontare il problema *tax haven*.

Gli strumenti utilizzati dai legislatori degli Stati nell'azione di contrasto ai *tax haven*, in particolare in campo fiscale e tributario, sono, invece, stati caratterizzati da una generale e spiccata vocazione "presuntiva", cioè tendente per lo più a cercare di rendere imponibile, in capo ai soggetti residenti, le componenti reddituali tassabili e riconducibili a società domiciliate nel Paese a fiscalità privilegiata ed ivi allocate, in modo da scongiurare l'erosione del gettito tributario, mediante il ricorso a fenomeni elusivi (o evasivi) a dimensione sovranazionale ed internazionale.

Ogni giurisdizione è legittimata, infatti, alla pretesa di veder tassate sul proprio suolo, utilità rivelatrici di capacità contributiva di reddito, che trovano nei confini interni la propria fonte di produzione ed il loro beneficiario finale.

Per la disamina delle politiche di contrasto ai paradisi fiscali, tra cui ad esempio la cd. *fiscal policy* sulle "*controlled foreign companies*" (cd. *Cfc rules*), adottate dagli Stati aderenti all'OCSE, o l'esame, nel dettaglio delle disposizioni di diritto tributario in materia, si rimanda al volume: "Paradisi fiscali" dello stesso autore.

In questa sede ci interessa porre l'accento sul fatto che le diverse amministrazioni statali si trovano, come detto, costantemente di fronte al dilemma "Shakespeariano" della repressione o della tolleranza dei paradisi fiscali.

Come è facilmente intuibile, le cifre in gioco sono enormi e la totale eliminazione dei paradisi fiscali, porterebbe non soltanto un danno alle organizzazioni criminali, scopo che è sicuramente da perseguire con tutte le forze e da tutti i paesi civilizzati e industrializzati, ma anche alle imprese che svolgono attività perfettamente legali nei territori offshore.

Numerose imprese dovrebbero pagare più tasse e la minore disponibilità di capitali sicuramente inciderebbe sul lavoro, sulla manodopera, in generale sullo sviluppo economico, non solo dell'impresa *offshore*, ma anche dello stato in cui opera, con conseguenti e gravissimi problemi di carattere sociale.

Immaginiamo per un attimo le Bahamas, stato insulare indipendente formalmente dal 1973 (anche se in effetti facente parte del *"Commonwealth"* britannico, quindi ancora legatissimo alla corona inglese), ex colonia dapprima spagnola e poi britannica, avente una popolazione di circa 350.000 abitanti, che deve praticamente tutto il suo "PIL"[54] al fatto di essere un paradiso fiscale, in lista nera OCSE) che all'improvviso si vedesse privato di questa unica fonte di ricchezza; sarebbe un problema per il mondo intero.

Stesso discorso si può sostenere per le Bermuda e per tutti gli altri paradisi fiscali che "vivono e sopravvivono" proprio grazie agli introiti che, se non fossero paradisi fiscali, mai avrebbero; il dilemma "Shakespeariano", quindi non tocca soltanto gli ambiti economico-finanziari e fiscali, ma anche quelli politici, in particolare di politica internazionale.

Il problema, infatti, è che "toccare" i paradisi fiscali significa minacciare consolidati interessi economici e finanziari e colpire giurisdizioni dipendenti o protette da grandi potenze (l'esempio massimo è dato, come abbiamo visto, dalla City di Londra).

La difficoltà da affrontare è una realtà nella quale non esiste una cesura netta tra paradisi fiscali al servizio degli operatori privati e al servizio di Stati di diritto dalla piena sovranità.

---

[54] Il Prodotto Interno Lordo, (PIL, in inglese gross domestic product o GDP) è il valore totale dei beni e servizi prodotti in un Paese da parte di operatori economici residenti e non residenti nel corso di un anno, e destinati al consumo dell'acquirente finale, agli investimenti privati e pubblici, alle esportazioni nette (esportazioni totali meno importazioni totali). Non viene quindi conteggiata la produzione destinata ai consumi intermedi di beni e servizi consumati e trasformati nel processo produttivo per ottenere nuovi beni e servizi.

La situazione è quindi molto complessa: il fenomeno dei paradisi fiscali è, da sempre, caratterizzato da questa insopprimibile contraddizione.

Da un lato, il soggetto Stato sembra aver esaurito il proprio ruolo di detentore esclusivo della capacità di agire sulla realtà sociale e appare soffocato dalle conseguenze provocate dalla rete dei paradisi fiscali; dall'altro, a questo stesso soggetto basterebbe "un tratto di penna", una semplice norma, per eliminarli.

Come affermato dal giurista francese Jean de Maillard[55] nella sua pubblicazione *"L'arnaque : la finance au-dessus des lois et des règles"* del 2010 : "i paradisi fiscali non sono altro che delle illusioni nel sistema finanziario internazionale ed esistono solo perché i grandi Paesi industrializzati ne hanno bisogno. Siamo in piena ipocrisia: fingiamo che questi Paesi siano indipendenti e che non sia possibile un'ingerenza nei loro affari, quando invece essi sono per tre quarti dipendenti

---

[55] Jean de Maillard: vicepresidente del Tribunal de grande instance di Parigi da gennaio 2011. Dall'inizio degli anni novanta i suoi lavori di ricerca si sono focalizzati sugli effetti della mondializzazione sulla formazione dei legami sociali, specialmente attraverso lo studio delle forme criminali e lo studio sulle "nuove minacce" della criminalità organizzata, della criminalità finanziaria e delle politiche di sicurezza. Insegna all'Institut d'études politiques de Paris (Sciences Po Paris), nell'ambito del Master "Sécurité internationale" dell'Ecole des Affaires internationales de Paris (Paris School of International Affairs), sulla tematica "spionaggio/intelligence".

dagli Stati Uniti e dalla Gran Bretagna. Essi non esisterebbero se solo decidessimo che non devono esistere".

D'altro canto, sebbene la problematica dei paradisi fiscali sia presente da anni nell'agenda dei politici, la crisi economico-finanziaria dei nostri tempi, le ha attribuito nuove caratteristiche di urgenza.

Le difficoltà economiche e finanziarie fronteggiate dagli Stati impongono di arginare la fuga dei capitali finanziari nei paradisi fiscali e di trovare una soluzione all'instabilità del contesto internazionale, che la resistenza alla cooperazione dei paradisi fiscali contribuisce ad alimentare di giorno in giorno.

Per i tanti interessi in gioco, che vanno oltre il discorso fiscale ed altresì oltre anche ai poteri giuridici degli Stati nazionali e sovrani, il dilemma *tax haven* sembra realmente senza soluzione, anche perché può accadere, come abbiamo visto, che uno Stato industrializzato, membro OCSE, con il compito, quindi, di contrastare il fenomeno *offshore*, sia a sua volta esso stesso un paradiso fiscale e questo è davvero il paradosso per eccellenza.

La finanza è ormai sovrana e chiunque (sia esso un privato cittadino o uno Stato di diritto) deve venire a patti con essa; l'élite finanziaria, liberata dagli "impicci" degli Stati di diritto, pratica il commercio su scala planetaria senza che le autorità pubbliche tassino le sue rendite e i suoi fornitori e senza che nemmeno siano a conoscenza dell'esistenza delle sue fortune e dei progetti connessi alle sue molteplici attività.

Certamente alla domanda che ci si può porre a questo punto: chi è il sovrano? Chi decide le sorti del mondo al giorno d'oggi? Si può tranquillamente rispondere che è la finanza mondiale, sporca o pulita che sia, a regnare sovrana e a decidere le sorti del mondo, non più gli Stati di diritto.

Alla luce di quanto detto fino ad ora, appare chiaro che rispetto al passato, o meglio, rispetto a quello che veniva raccontato, a livello mondiale, circa le caratteristiche dei paradisi fiscali ove esistevano territori che, singolarmente decidevano di annullare la tassazione sui capitali provenienti dall'esterno o che decidevano unilateralmente di non scambiare più informazioni con gli altri Paesi esercitando il loro diritto sovrano, creando sistemi fiscali e finanziari "ad hoc", ora il sistema *offshore* è venuto alla luce, si è appalesato, come è in realtà, cioè come un insieme di reti di influenza controllate dalle maggiori superpotenze mondiali, in particolare Gran Bretagna e Stati Uniti, in cui ciascuna rete è profondamente interconnessa a tutte le altre: i ricchi finanzieri statunitensi, ad esempio, fanno ampio uso della ragnatela britannica, così come i loro "colleghi" britannici utilizzano il sistema *offshore* americano.

I paradisi fiscali nel mondo non sono più isole tropicali disseminate di palme, come vengono a rappresentarsi nell'immaginario comune perché così venivano rappresentati alla popolazione dai leaders politici ed economici mondiali, ma alcune delle maggiori (e più civilizzate ed avanzate) potenze mondiali.

Nell'era della globalizzazione mondiale e della rete telematica, infatti, era del tutto inutile per il sistema *offshore* restare nascosto negli atolli tropicali, ormai raggiungibili, comodamente da casa, con un semplice click del mouse, quindi tanto valeva insediarsi direttamente nei paesi industrializzati dove le infrastrutture e i servizi (e le "lobby" ed il potere politico-finanziario "che conta") sono effettivamente fruibili e ad un passo dall'ufficio: da qui l'importanza e la nascita di micro-Stati e di "Stati nello Stato".

Una frase a proposito delle giurisdizioni segrete dell'illustre docente Marshall Langer, docente di diritto tributario e finanziario dell'Università di Boston e dell'American University of Rome, rende l'idea di quanto sostenuto: "nessuno si stupisce quando dico che il più importante paradiso fiscale del mondo è un'isola, tutti però restano meravigliati quando dico che quell'isola si chiama Manhattan. Anche il secondo paradiso fiscale più importante del mondo si trova su un'isola. E' una città chiamata Londra, nel Regno Unito".

Ricordiamo a tal proposito che Stati Uniti e Gran Bretagna sono paesi membri dell'OCSE, quella stessa OCSE che nel 2009, abolendo la famigerata *black list* consacrò, a parole, la fine dei paradisi fiscali.

CAPITOLO XI
La "sacra" alleanza fra gli Stati di diritto ed i fenomeni offshore

Negli ultimi anni, la rinnovata attualità della tematica sui paradisi fiscali, l'emergere della constatazione che oramai i *tax haven* sono all'interno del nostro stesso sistema economico, ha favorito l'emergere di nuovi punti di vista e prospettive di analisi, come quella, già esaminata, di Nicholas Shaxson che definisce i paradisi fiscali come le già esaminate "giurisdizioni segrete" o come quella proposta da Alain Deneault nel suo saggio *Offshore. Paradisi fiscali e sovranità criminali*, la cui originalità risiede nel suo tentativo di ridefinire concettualmente l'immagine dei paradisi fiscali, insistendo sulla loro natura di "organismi politici positivi e sovrani"[56], giurisdizioni collocate "fuori dai cardini di qualsiasi

---

[56] Deneault Alain, (2011), Offshore. Paradisi fiscali e sovranità criminale, Ombre corte, Verona, pag. 8

istituzione pubblica"[57], ma parte integrante dei circuiti economici mondiali.

I capitali *offshore*, una volta trovato riparo dal fisco e dall'autorità giudiziaria, non restano inattivi: come spiegato da Deneault e come evidenziato nel corso di questa trattazione, "questo denaro lavora: senza più nessun ostacolo, senza regolamentazioni, senza controllo"[58].

Soprattutto, i paradisi fiscali non costituiscono un'isolata anomalia, un altrove marginale della finanza, non direttamente e immediatamente connesso con gli Stati di diritto.

Al contrario, queste economie parallele (come le definisce il Deneault) non sono nient'altro che le nostre economie: le piazze *offshore* sono centri finanziari di primo piano, dai quali si dirama una fitta trama di investimenti in tutto il mondo.

Ricercatore di sociologia economica, ma filosofo di formazione, Alain Deneault apre, quindi, sui centri *offshore* un nuovo scenario di riflessione, di ampio respiro, che si basa su un ripensamento profondo delle interazioni tra politica ed economia e della loro articolazione attorno al concetto di sovranità.

---

[57] Deneault Alain, (2011), Offshore. Paradisi fiscali e sovranità criminale, Ombre corte, Verona, pag. 81
[58] Deneault Alain, (2011), Offshore. Paradisi fiscali e sovranità criminale, Ombre corte, Verona, pag. 8

I paradisi fiscali sono prima di tutto degli Stati, dotati di una struttura politica stabile e definita, e di un potere esclusivo sul loro territorio, Stati, però, che fanno un uso strategico di questo potere sovrano, commercializzandolo per attrarre i capitali mobili.

Non tassati e non controllati, non assoggettati alle norme del diritto, gli operatori economici e finanziari *offshore* conquistano sempre più margine di manovra e sempre più potere decisionale, proponendosi come nuovi attori sovrani, in grado di incidere profondamente sulla realtà sociale, economica e finanziaria del mondo intero.

Per continuare con gli esempi testimoni delle contraddizioni circa il dilemma se accettare o contrastare i fenomeni *offshore*, recentemente sembrava che il segreto bancario, uno dei principi cardine del sistema *offshore*, stesse crollando come il muro di Berlino, ma così non è successo: esso, simbolo delle roccaforti finanziarie è sempre di più vivo e vegeto, nonché impenetrabile.

Quasi tutti i Paesi cercano, almeno all'apparenza e, soprattutto, per l'opinione pubblica, di fermare l'approdo di denaro sporco nelle proprie banche, ma la verità è tutt'altra perché tutti i paradisi fiscali concorrono, fra loro, al ribasso con agevolazioni fiscali e finanziarie per attrarre i flussi di denaro "vacanti" nel mondo ed i Paesi industrializzati, sempre più bisognosi di denaro per pagare i propri debiti pubblici che per soddisfare i bisogni dei propri consociati, fanno letteralmente "a gara" per accaparrarsi i miliardi di dollari, sterline ed euro che, accuratamente "lavato e ripulito", entra a fiumi nelle casse erariali, proveniente dai *tax haven*, alimentando, in questo modo, un mostro gigantesco che ha nella segretezza delle transazioni la sua peculiarità.

Naturalmente lo sviluppo di questa sovranità finanziaria senza obblighi nei confronti dello Stato di diritto è una panacea per il crimine organizzato, i grandi cartelli della droga e le organizzazioni terroristiche, così come per l'elusione e l'evasione fiscale, perché, è bene ricordarlo, il mondo della finanza è, in definitiva, un mondo già di per sé senza legge.

Un mondo che, una volta aperte le sue porte a questi soggetti, ha permesso loro non solo uno sviluppo esponenziale su scala mondiale e globale, delle attività illecite ma anche (e questo è l'aspetto più pericoloso e più infido) un'ibridazione dei loro fondi con quelli di attività lecite ancora regolate dallo Stato di diritto, in modo da impedire qualsiasi distinzione tra denaro "sporco" e denaro pulito.

Questo "mescolio" di proventi leciti e illeciti provenienti da corruzione, traffici di droga, di organi, di armi, etc. questa impossibilità di tracciare i soli proventi illeciti, costituisce la più grande lacuna del libero mercato, perché qualora venissero davvero distinti dai proventi leciti porterebbero alla luce sia il complesso "groviglio" esistente tra il denaro del crimine e l'economia lecita sia mostrerebbero che vi sono banche e Stati occidentali che attirano a loro vantaggio questi fondi illeciti, divenendo in tal modo, complici dei crimini stessi.

Uno Stato di diritto che persegue l'onestà fiscale, civile e penale dei suoi cittadini, che istruisce ai principi di lealtà ed onestà i propri studenti ma che, ad esempio ottiene un prestito da una banca londinese (o da una banca elvetica, ma anche da una finanziaria irlandese, o americana, etc.): come fa a stabilire se l'origine di tali fondi è lecita o illecita, visto che si tratta di un flusso di denaro proveniente da sistemi *offshore*?

Ed anche qualora riuscisse a scoprirne l'illecita provenienza od a stabilirne la distinzione fra proventi leciti ed illeciti, avrebbe convenienza a dichiarare ai suoi cittadini e studenti così come alla comunità internazionale, che ha utilizzato per opere sociali di comune benessere, denaro "sporco" e riciclato? Ovviamente no, anche perché lo Stato stesso, che usufruisce del prestito, diventa a sua volta un riciclatore di denaro sporco, legalizzando il denaro ricevuto.

Questi sono alcuni dei motivi per cui nel ventunesimo secolo esistono ancora gli Stati e i sistemi *offshore* (perché gli altri Stati necessitano di denaro e negli Stati offshore ce n'è da vendere) e come mai esista ancora il segreto bancario e l'anonimato sulle transazioni finanziarie nei sistemi offshore (perché è un modo, per chi riceve denaro, di non volerne conoscere la provenienza).

Il bisogno mondiale e globale di denaro ha reso, quindi, perfetti alleati gli Stati di diritto e i paradisi fiscali e per questo motivo, data la commistione, ormai globale, fra Stati di diritto e giurisdizioni segrete, i paradisi fiscali oramai non si identificano più in una determinata località geografica quanto in un regime contabile in cui annotare profitti certi, che richiedono molta discrezione e "agire *offshore*" non significa più agire in Stati fuori costa, fuori lido, al largo delle coste, lontano dalla vista dei Paesi più industrializzati, bensì agire fuori, semplicemente, dai cardini delle istituzioni pubbliche del diritto, cioè "fuori dalla legge".

Per diverse ragioni etiche, morali, di uguaglianza sociale e fiscale, etc., le autorità pubbliche non possono più, anche in seguito all'attentato terroristico delle "Twin towers" dell' 11 settembre 2001, di cui sono stati scoperti finanziamenti da denaro riciclato di origine *tax haven*, dare l'impressione di tollerare ancora questa enorme evasione fiscale, questa proliferazione delle filiere criminali, questo denaro sporco trasformato e reinvestito nel mercato immobiliare o nell'industria con pochi click di mouse, questi fondi di sviluppo internazionali dirottati verso conti cifrati, questi mercenari e questi traffici di armi finanziati dai padrini del petrolio o delle miniere che attizzano in diversi Paesi in via di sviluppo sanguinosi conflitti.

All'inizio del nuovo millennio, i paradisi fiscali si impongono, quindi, come problema politico e problema morale perché mentre i paradisi fiscali ospitano banchieri, investitori, assicuratori, industriali, trafficanti, armatori e notai desiderosi di svolgere le loro attività multimiliardarie finalmente affrancati dalle regole del diritto, lo Stato di diritto si scopre economicamente dipendente dagli investimenti di questi stessi attori.

Sebbene questi investimenti consistano spesso in operazioni di riciclaggio di denaro, gli Stati si mostrano timidi e grati rispetto ai paradisi fiscali: non si presentano più come i guardiani del diritto in quanto principio politico, ma si offrono al servizio di un diritto piegato agli interessi della finanza.

Da parte loro, invece, coloro che possiedono somme da riciclare o da investire con un'imposizione fiscale minima o nulla, vuole avere la certezza che le persone con cui ha a che fare non si faranno scrupoli morali.

Questi Stati assoggettati dalle esigue ricadute di investimenti che possono essere realizzati da investitori che fisicamente si trovano *offshore* (quindi politicamente "da nessuna parte") sono perciò più dei messi incaricati di gestire le istituzioni di un diritto degli affari che degli organismi che fanno valere un regime che si richiama opportunamente al termine "giustizia".

Questo assoggettamento agli interessi del più forte, questo clientelismo di Stato che si erge a metodo, questa capitolazione mascherata da trionfo, questa "fine della storia" accettata come scienza, questo *management* della vita pubblica, tutto questo si vede affibbiare il triste tiolo di *"governance"*: *governance* che si è sostituita, come gestione, alla politica; *governance* che nel nome del Dio denaro permette ai soliti noti di frodare il fisco, alle bande criminali di accumulare denaro, al potere bancario di riciclare denaro sporco e che obbliga altrettanti noti ed onesti (i cittadini privi di qualsiasi accesso offshore) ad essere, come sempre, gli unici a pagare le tasse.

Conclusione

Il vero problema, quindi, è che ai giorni nostri la politica non governa più l'economia in nessuno Stato, mentre è ormai appurato il contrario, cioè che è l'economia, ovunque, a governare la politica.

Pertanto, tutto (compresi i principi del diritto, così come gli ideali sociali) è assoggettato al Dio denaro e tutto viene fatto nel nome di quest'ultimo, con la "benedizione" delle potenze economiche mondiali.

Un altro enorme problema d'immediato riscontro sociale è che non si riuscirà mai a sconfiggere il terrorismo e il macro-crimine internazionale senza prendere di mira l'intero sistema dei Paesi *offshore*, senza affrontare, in definitiva e senza mezzi termini, l'elusione e l'evasione internazionale e globale, così come la regolamentazione finanziaria dell'intero mondo-sistema.

La crescita globale del fenomeno *offshore*, a detta di molti studiosi, è stato, infine, anche uno dei fattori principali che ha contribuito a causare l'attuale crisi economica e finanziaria mondiale iniziata nell'anno 2007 perché:

- ➢ in primis gli operatori finanziari, lasciati a operare senza alcun controllo, cresciuti in maniera esponenziale, sono alla fine divenuti troppo grandi ed hanno acquisito un incredibile potere di decisione politica a Washington, come a Londra e ovunque;
- ➢ Inoltre il sistema *offshore*, con la sua non-regolamentazione ha impresso una spinta irrazionale all'intero sistema *onshore* (termine con il quale potremmo definire il sistema legale o lecito o

legittimo), costringendo tale sistema a competere con quello *offshore* in una corsa al permissivismo delle regole;

➢ Infine gli immensi flussi finanziari confluiti massicciamente in Paesi in deficit come Stati Uniti e Gran Bretagna, a discapito delle massicce e contestuali fughe di capitali da altri Paesi, hanno aggravato e compromesso i delicati equilibri macroeconomici globali che regolavano l'economia e la finanza mondiale.

Il fenomeno/problema dei paradisi fiscali si è, come abbiamo visto, nel corso di questa trattazione, quindi evoluto nel corso degli anni: da problema prettamente fiscale ed abbastanza localizzato (di conseguenza anche abbastanza facile da "governare" e contrastare), si è trasformato in problema politico di scala mondiale e globale, di difficile, se non impossibile risoluzione).

Bibliografia

Nobile Romano, (2002), *Paradisi fiscali: uno scippo planetario*, Edizioni Malatempora, Città di Castello (PG)

Garbarino Carlo, (2005), *Manuale di tassazione internazionale*, IPSOA Editore, Assago (MI)

Cassis Youssef, (2008), *Le capitali della finanza. Uomini e città protagonisti della storia economica*, Brioschi editore, Sesto Fiorentino (FI).

Marino Giuseppe, (2009), *Paradisi e paradossi fiscali. Il rovescio del diritto tributario internazionale*, Egea, Milano

De Filippis Marcello, Rota Luigi, (2010) *I paradisi fiscali*, Uni Service, Trento

Gallo Sergio, (2010), *Elementi di diritto tributario*, Edizioni Simone, Napoli

Lefebvre Francis, (2010), *Memento pratico fiscale*, IPSOA Editore, Assago (MI)

De Mallard Jean, (2010), *L'arnaque: la finance au-dessus des lois et des règles*, Gallimard, Parigi

Bortolotti Mirko, (2011), *Professione offshore. Tutto quello che devi sapere per fare Business Offshore*, Photocity editore, Napoli

Deneault Alain, (2011), *Offshore. Paradisi fiscali e sovranità criminale*, Ombre corte, Verona

Caramignoli Germano, Giove Giovanni (2011), *Black List e paradisi fiscali*, Maggioli editore, Santarcangelo di Romagna (RN)

Valente Piergiorgio, (2012), *Manuale del transfer pricing*, IPSOA editore, Assago (MI)

Shaxson Nicholas, (2012), *Le isole del tesoro. Viaggio nei paradisi fiscali dove è nascosto il tesoro della globalizzazione*, Feltrinelli editore, Milano

Caporaso Giovanni , (2012), *Come pagare zero tasse – I paradisi fiscali nel 2012*, Expats ebooks, Panama.

Degregori Italo, (2012), *Paradisi Fiscali e Società Offshore*, Edizioni R.E.I., Nizza

Sitografia

Creazione online di società nella City di Londra:

http://www.easyentrepreneur.it/?gclid=CMyMmPrgsbUCFQpb3godmSwAAw

Guida alle società offhsore:

http://societaoffshore.org/

Report paradisi fiscali:

http://www.bloomberg.com/

Sito web del "Financial times":

http://www.ft.com/home/europe

Sito American università of Rome:

http://www.aur.edu/american-university-rome/academics/department-of-business-studies/marshall-langer/

http://www.paradisi-fiscali.org/ordine_servizi.php

Articolo apparso su "Il fatto quotidiano" sulla City di Londra: http://www.ilfattoquotidiano.it/2011/12/12/city-londra-stato-nello-stato-apre-porte-paradisi-fiscali/177067/

Sito web ufficiale della City di Londra: http://www.cityoflondon.gov.uk/Pages/default.aspx

Articolo apparso su "La stampa" sulla City di Londra: http://www.lastampa.it/2011/12/10/esteri/cameron-salva-la-city-e-resta-solo-fhN6K39oN9XHrpLnHp42RN/pagina.html

Informazioni sulla tassazione britannica: http://www.londraweb.com/informazioni_sulle_imposte_nel_r.htm

Sito di economia: http://www.wallstreetitalia.com

Tiziano Bacarani
Laurea in economia e commercio
Master in studi giuridici comparati
Laurea magistrale in giurisprudenza

Fotografia di Giuseppe Masala

www.ingramcontent.com/pod-product-compliance
Lightning Source LLC
Chambersburg PA
CBHW072209170526
45158CB00002BA/510